GOLDMANN

WINFRIED BORNEMANNS GESAMMELTE BRIEFMACKEN

Alle Briefmacken
in einem Band

GOLDMANN VERLAG

Umwelthinweis:
Alle bedruckten Materialien dieses Taschenbuches
sind chlorfrei und umweltschonend.
Das Papier enthält Recycling-Anteile.

Der Goldmann Verlag
ist ein Unternehmen der Verlagsgruppe Bertelsmann

Illustration und Gestaltung: Arthur Peters

Fotos: Peter Kinschek, Osnabrück

Umschlaggestaltung: Design Team München
Druck: Presse-Druck Augsburg
Verlagsnummer: 11984
Ge · Herstellung: Ludwig Weidenbeck/sc
Made in Germany
ISBN 3-442-11984-7

3 5 7 9 10 8 6 4 2

Winfried Bornemann

4504 Georgsmarienhütte, den 15.8.81
Am Fillerschloß 47

Verband der Deutschen Schirmindustrie
Geschäftsführung
Kaiserstr. 133
4050 MÖNCHENGLADBACH

Betr.: Schirmherrschaft

Sehr geehrter Herr Schellscheidt,

im Frühjahr 1982 erscheint ein neues Buch von mir. Es handelt sich hierbei um einen humorvollen Briefwechsel, den ich mit Firmen und Institutionen geführt habe. Alles ist soweit fertig. Da ist mir plötzlich aufgefallen, daß ich noch gar nicht die Schirmherrschaft -wie üblich - für dieses Buch vergeben habe. Deshalb ganz förmlich: sind Sie bereit, sich für dieses Amt zur Verfügung zu stellen? Es entstehen für Sie keine weiteren Verpflichtungen, Sie brauchen mir auch keinen Knirps zu schicken.

Mit besten Grüßen

Winfried Bornemann

1

Winfried Bornemann

4504 Georgsmarienhütte, den 14.8.81

Am Fillerschloß 47

Fackelträger - Verlag

Goseriede 10 -12

3000 HANNOVER 1

2

Sehr geehrte Herren,

da ich seit einigen Jahren gelegentlich zufriedener Leser Ihrer Produktionen bin, werden Sie Verständnis dafür aufbringen, wenn ich eine Frage an Sie richte.

Sie nennen sich FACKELTRÄGER VERLAG. Ein Name, der in meinen Ohren verstaubt klingt. Wer trägt denn - außer vielleicht Höhlenforscher - heute noch eine Fackel, wenn es um Erleuchtung geht? Wir leben im Zeitalter der Elektrizität und des Lichtschalters!

Sicherlich, Ihre Autoren Heinrich Zille oder Wilhelm Busch sind schon vor einer ganzen Weile leider verstorben - allein deshalb aber solch ein antiker Name?

Sie brauchen sich ja nicht gleich ATOM VERLAG zu nennen, wenn Sie Ihr Licht nicht unter den Scheffel stellen wollen, aber LIGHT PRESS oder STROM VERLAG klingt dynamisch, nach Energie!

Also fackeln Sie nicht mehr lange!

Mit diesem kleinen Denkanstoß habe ich Sie hoffentlich elektrisiert.

Winfried Bornemann

Fackelträger–Verlag

Verlagsleitung

Fackelträger-Verlag Schmidt-Küster GmbH

Postfach 1923
Goseriede 10 – 12
3000 Hannover 1
Telefon 05 11-1 46 48

Postscheckkonto Hannover (BLZ 250 100 30) 7108-305
Bankkonten: BfG, Hannover (BLZ 250 101 11) 10 095 257 00
Commerzbank, Hannover (BLZ 250 400 66) 3 139 383
Verkehrsnummer und BAG 11 865

Fackelträger-Verlag, Goseriede 10 – 12, 3000 Hannover 1

Herrn
Winfried Bornemann
Am Fillerschloß 47

4504 Georgsmarienhütte

Hannover, den 19. Aug. 1981
HR / Hs

Lieber Herr Bornemann,

Sie haben uns mit Ihrem Vorschlag, über unseren Verlagsnamen nachzudenken, tatsächlich elektrisiert. Bedauerlicherweise ist uns beim Büchermachen die Elektrifizierung unserer Arbeitswelt entgangen. Dabei haben wir verkabelte Schreibmaschinen und eine nur durch die Steckdose funktionsfähige EDV.

Über unseren Verlagsnamen nachzudenken, ist also angebracht.

Damit Sie sehen, wie ernst wir Ihren Vorschlag aufgenommen haben, lege ich Ihnen eine Zeichnung des unserem Hause verbundenen Grafikers Jupp Wolter bei. Sie können erkennen, in welche Richtung unsere Überlegungen gehen.

Mit Dank für Ihre Anregung grüße ich Sie freundlich.

FACKELTRÄGER-VERLAG
SCHMIDT-KÜSTER GMBH

Hans Rauschning

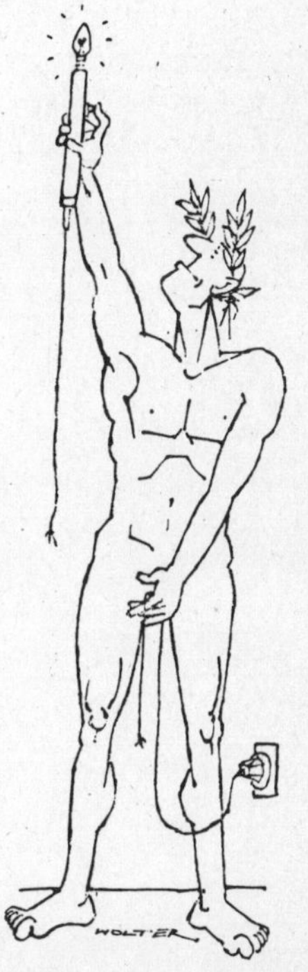

Winfried Bornemann

4504 Georgsmarienhütte, den 20.1.81

Am Fillerschloß 47

BARMER ERSATZKASSE
Geschäftsleitung
Postfach
45 Osnabrück

3

Betr.: ERSATZKASSE

Sehr geehrte Damen und Herren,

ich bin Vater von zwei temperamentvollen Söhnen im Alter von 5 und 6 Jahren. Zum diesjährigen Weihnachtsfest habe ich ihnen einen Kaufmannsladen geschenkt. Die anfänglich ungebremste Verkaufsfreude ist nun fast zum Erliegen gekommen. Grund: die Kasse ist verklemmt. Ich habe dieses Herzstück der Anlage trotz Schraubenzieher und Büchsenöffner (Empfehlung meiner Frau) nicht wieder gängig bekommen.
Um den Verdienstausfall meiner Söhne in Grenzen zu halten, möchte ich Sie bitten, mir doch umgehend eine ERSATZKASSE zuzuschicken. Sie kann ruhig aus Kunststoff sein und sollte nicht zu viel Technik haben. Die Rechnung legen Sie doch bitte in die Kasse.

Mit freundlichen Grüßen auch von meinen Söhnen

Winfried Bornemann

BARMER
ERSATZKASSE

Barmer Ersatzkasse · Postfach 18 29 · 4500 Osnabrück

Osnabrück
Große Hamkenstraße 33-34
(Unos-Passage)
Fernsprecher (05 41) 3 20 81

Postanschrift:
Postfach 18 29
4500 Osnabrück

Wir haben geöffnet:
Montag bis Freitag 9.00 bis 12.30 Uhr
außerdem Donnerstag 15.00 bis 17.00 Uhr

Herrn
Winfried Bornemann
Am Fillerschloß 47

45o4 GM.-Hütte

Ihre Zeichen	Ihre Nachricht vom	**Unsere Zeichen** (bitte angeben)	Sachbearbeiter	Datum
	2o.1.1981	Schu/ni	Herr Schulte	23.1.1981

Ersatzkasse - zuständige Zweigstelle Georgsmarienhütte

Sehr geehrter Herr Bornemann,

mit Bedauern haben wir vom bevorstehenden Zusammenbruch des jungen Unternehmens Ihrer Herren Söhne Kenntnis genommen.

Als Ersatzkasse fügen wir für den Übergang als Anlage ein eigens für Ihre Herren Söhne beschafftes Sparschwein bei. Da Ihren Söhnen besonders in dieser momentanen Krisenzeit ihr strahlendes Lächeln bewahrt bleiben soll, lassen wir Ihnen gleichzeitig für jeden einen Zahnputzbecher mit Zubehör zugehen.

Abschließend möchten wir noch erwähnen, daß für die Betreuung der Georgsmarienhütter Bürger die dort ansässige Zweigstelle zuständig ist. Aus Erfahrung wissen wir jedoch, daß Sie dort in Anbetracht des nahenden Frühlings so gut wie keine Lagerbestände mehr vorfinden. Wir können uns denken, daß auch Sie es bevorzugen, sich Ihre Zweige, die uns ein bißchen Leben ins Haus bringen sollen, selbst zu schneiden.

Ihrer Familie und Ihnen empfehlen wir uns

mit freundlichen Grüßen
BARMER ERSATZKASSE
Bezirksverwaltung Osnabrück

Anlagen

Bankkonten: Stadtsparkasse Osnabrück (BLZ 265 500 01) Kto.-Nr. 4 63 26 · Kreissparkasse Osnabrück (BLZ 265 501 05) Kto.-Nr. 22 04 00 · Commerzbank, Osnabrück (BLZ 265 400 70) Kto.-Nr. 54/4 06 80 00 · Deutsche Bank, Osnabrück (BLZ 265 700 90) Kto.-Nr. 3 81 08 76 · Dresdner Bank, Osnabrück (BLZ 265 800 70) Kto.-Nr. 7 05 11 16 00 · Oldenburgische Landesbank, Osnabrück (BLZ 265 200 17) Kto.-Nr. 17-1 14 00 · Volksbank Osnabrück (BLZ 265 900 25) Kto.-Nr. 10 10 13 75 Raiffeisenbank Alfhausen, Osnabrück (BLZ 265 629 99) Kto.-Nr. 85 41 · Postscheckkonto: Hannover (BLZ 250 100 30) Kto.-Nr. 522 08-301

5 a/a 79

Winfried Bornemann 4504 Georgsmarienhütte, den 22.6.81

Fillerschloß

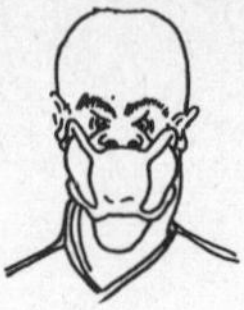

Deutsche Gesellschaft für Chirurgie
z. Hd. Herrn Prof. Junghanns
Auerfeldstr. 29
6 000 Frankfurt 60

4.

Betr.: Operationsbesteck für Camping und Freizeit

Sehr geehrter Herr Prof. Junghanns,

ich bin Hobbychirurg. Wenn andere Heimwerker an der Kreissäge stehen, führe ich für Freunde und Bekannte kleinere Operationen durch. Mal ist es der Blinddarm, mal entferne ich die Gallenblase. Nebenberuflich und preiswert, wie gesagt. Im Rahmen meiner langjährigen Praxis habe ich nun ein Operationsbesteck entwickelt nebst Leitfaden, das interessierten Laien helfen soll, kleinere Operationen im Urlaub und in der Freizeit selbst auszuführen. Das ganze möchte ich nun auf den Markt bringen unter dem Titel "Operieren-leicht gemacht."
Da nun größere Herstellungskosten anfallen, möchte ich in diesem Stadium mal den Fachmann befragen, ob ähnliche Vorhaben nach Ihrer Kenntnis bereits geplant und entwickelt sind? Vielleicht haben Sie auch Interesse an meinem in Arbeit befindlichen Leitfaden "Chirurg in 30 Tagen". Ich höre gern von Ihnen.

Mit besten Grüßen

Winfried Bornemann

im Dienst der Gesundheit

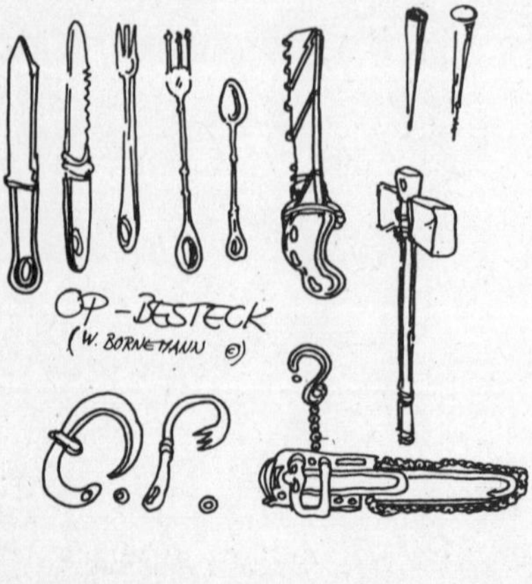

Professor Dr. med. Dr. med. h. c. H. Junghanns
Facharzt für Chirurgie · Unfallchirurgie

Auerfeldstraße 29
6000 Frankfurt/Main 60
Ruf (0611) 474133

Herrn
Winfried BORNEMANN
4504 Georgsmarienhütte
Fillerschloß

27.7.1981 J/B

Operationsbesteck für Camping und Freizeit

Sehr geehrter Herr Bornemann,

wie ich aus Ihrem Briefe vom 22.6.1981 schließen muß, sind Sie weder Facharzt für Chirurgie noch Arzt. Trotzdem beschäftigen Sie sich nebenberuflich und preiswert mit Operationen des Blinddarmes und mit Gallenblasenentfernungen.

Sie werden verstehen, daß eine wissenschaftliche Gesellschaft keine Veranlassung hat, Ihre Tätigkeit als Hobbychirurg, der nicht über die notwendige Ausbildung verfügt, zu unterstützen.

Mit Gruß

Junghanns

-Junghanns-

Das „Nachspiel" finden Sie auf der letzten Seite.

HIERMIT
ERNENNE ICH
SIE IM AUFTRAG
UNSERES HERREN
MINISTERS
GSCHEIDLE
ZUM
PRINZ EISENBRIEF

OK, GENEMIGT.
KLEB WOHL, OH BOTE
DEINES HERREN.
UND VERGISSMEINICHT
DIE POSTLEITZAHL
VON THULE

Winfried Bornemann 4504 Georgsmarienhütte, den 15.2.81

Am Fillerschloß 47

Geschäftsleitung

Köl  n

5000 ..

5

Betr.: <u>Würfelzucker</u>

Sehr geehrte Damen und Herren,

ich möchte Ihnen heute von einem Vorfall berichten, der sich bei einem Kaffeekränzchen meiner Mutter ereignet hat. Ich hatte mich bei dieser Festlichkeit bereit erklärt, den Damen zu servieren und sie kaffeemäßig zu verwöhnen. Die Kaffeekannen sind gefüllt, die Sahne geschlagen, der Kuchen geschnitten. Kurzum: es kann losgehen. Ich will noch eben den Würfelzucker nachfüllen. Ich reiße ein nagelneues Paket Ihrer Firma auf. Die Würfel sind ins Döschen gefallen. Obenauf liegt ein Würfel mit drei schwarzen Punkten... Ich stutze.. Drehe ihn um.... zwei-fünf.... ein richtiger Zuckerwürfel mit den Punkten von eins bis sechs. Rätselhaft.
Wie kommt dieser Würfel bloß in das Paket?
Haben sich Arbeiter einen Scherz erlaubt?
Spielen möglicherweise einige Arbeiter während der Schicht verbotene Glücksspiele, wo man einen Würfel braucht, den man bei Gefahr (Meister z.B.) schnell verschwinden lassen kann?
Handelt es sich vielleicht auch um eine mysteriöse neue "Zuckerkrankheit"?
Alles Fragen, die auch die Damenrunde beim Kaffeekränzchen nicht beantworten konnte. Ich bin sicher, daß Sie als Fachleute einige beruhigende Erklärungen für mich bereithalten, die ich auch den Damen mitteilen möchte.

Mit freundlichem Gruß

Winfried Bornemann

[redacted]
HAUPTVERWA[redacted]TUNG

ZUCKERFABRIKE[redacted]

[redacted] - Postfach [redacted]

[redacted]

Postfac[redacted]
Telegr.-Adr.:[redacted]
Fernschreib[redacted]
[redacted]
Postscheck[redacted]
[redacted]
(V[redacted]

Herrn
Winfried Bornemann
Am Fillerschloß 47

45o4 Georgsmarienhütte

Die Firma wollte das So!

Abteilung: Industriezucker

Unser Zeichen	Schreiben vom	Ihr Zeichen	Tag
Schn/Bü	–	–	24.o2.1981

Betrifft:

Ihr Schreiben vom 15.12.1981

Sehr geehrter Herr Bornemann,

Ihre anschauliche Schilderung des weniger erfreulichen Tatbestandes mit dem gezinkten Würfelzuckerstück wird in unserer Sammlung einen Ehrenplatz erhalten. Sie können sich denken, daß ein solcher Vorfall in einem Bereich, der einige Millionen Pakete umfaßt, nicht gerade alltäglich ist.

Uns gefällt an Ihrem Brief, daß Sie einen Scherz, und nur um einen solchen kann es sich handeln (wir sind übrigens der Ansicht, daß es kein besonders guter Scherz ist) erkennen, und nicht gleich mit dem Kadi drohen.

Wir würden dieser dummen Sache gerne auf den Grund gehen und richten deswegen die Bitte an Sie, uns das Würfelzuckerpaket, falls noch vorhanden, zuzusenden. Ihre Auslagen möchten wir mit einem Zuckersortiment begleichen und hoffen, daß Ihnen unsere Spezialitäten gefallen.

Wir danken im Voraus und verbleiben

[redacted] freundlichen Grüßen

[redacted]

Anlage

Winfried B o r n e m a n n

4504 Georgsmarienhütte, den 24.2.81

Am Fillerschloß 47

6

Geschäftsleitung
BAYRISCHE SPIELBANK
GARMISCH - PARTENKIRCHEN
Marienplatz 13

8100 Garmisch Partenkirchen

Sehr geehrte Herren,

ich fand neulich eine Anzeige Ihrer Spielbank. Lange Zeit war der Spieler in mir verschüttet, doch nach Ihrer Anzeige könnte ich schon wieder. Nun ist das bei mir so: Im Laufe der Jahre hat sich bei mir infolge mehrerer kleiner und mittelgroßer Lottogewinne, Preisausschreiben und Automatengewinnen in Gaststätten ein beträchtliches Polster gebildet, das allein durch Urlaub und Essen nicht abgetragen werden kann. Ich habe dabei an Ihre Spielbank gedacht. Nun kenne ich mich allerdings in diesem Gewerbe nicht sonderlich gut aus. Ich habe schon mal hin und wieder Tischroulette gespielt, doch hat es mich schnell gelangweilt, da es immer nur um Groschen ging. Von Freunden habe ich nun gehört, daß es RUSSISCH ROULETTE absolut bringen soll. Es ist aber wohl nicht an allen Spielbanken konzessioniert. Deshalb meine Anfrage: Wie steht es in Garmisch mit diesem Spiel? Wie hoch sind die Gewinne ? Mich reizt gerade dieses Spiel, weil es etwas unüblich ist und ich mir nicht allzu viel darunter vorstellen kann. Klären Sie mich bitte auf, damit ich auch meine Frau durch Ihr offizielles Schreiben davon überzeugen kann, daß bei Ihnen der absolute Spielteufel tobt, wo ich nicht fehlen darf. Bis bald.

Mit kugeligem Gruß und drehbaren Wünscher

Bayerische Spielbank
Garmisch-Partenkirchen

Fast so gefährlich wie Blei und Quecksilber

Marienplatz 13, 8100 Garmisch-Partenkirchen

08.05.1981
we/ka

Herrn
Winfried Bornemann
Fillerschloß

4504 Georgsmarienhütte

Sehr geehrter Herr Bornemann,

so verschüttet lange Zeit die Spielleidenschaft in Ihnen schlummerte, so blind war offenbar ich als Leiter eines Spielcasinos für die besonderen Sorgen und Nöte potentieller Kunden, etwa, was deren Probleme der Abtragung von " Polstern ", womit natürlich finanzielle gemeint sind, betrifft.

Nun gibt es bei uns zwar kein Russisches Roulette. Denn dies zählt zu den riskanten, lebensgefährlichen Glücksspielen. Dafür spielen wir in Bayern Französisches Roulette zur Unterhaltung und Zerstreuung. Zu dem kann ich Sie herzlich einladen.

Was den Spielteufel angeht, so bevorzugen wir Spielelfen und Glücksfeen, die Sie vielleicht bei einem Besuch unseres Hauses entdecken können.

Mit weiß - blauen Rautengrüßen

(Werner
Direktor

8100 Garmisch-Partenkirchen, Marienplatz 13
Bayerische Vereinsbank Nr. 816019 (BLZ 703 200 90)
Telefon (08821) 53090/53099

Winfried Bornemann 4504 Georgsmarienhütte, den 24.1.81

Am Fillerschloß 47

7

Herrn
Gemeindedirektor

2852 BEDERKESA

Betr.: Die Gemeinden DRANGSTEDT - FICKMÜHLEN -HYMENDORF - FLÖGELN

Sehr geehrter Herr Gemeindedirektor,

ich hoffe, daß Sie für die oben aufgeführten Gemeinden zuständig sind, denn sie liegen ja alle in unmittelbarer Nähe von Bederkesa.

Ich bin mit meiner Familie gerade dabei, den diesjährigen Urlaub zu planen, bzw. ein Reiseziel festzulegen. Es reizt uns nicht, wieder nach Mallorca zu fahren, so daß wir uns gerade in unserem Hausatlas die deutsche Nordseeküste ansehen. Während ich noch mit dem Finger die Küste abfahre, merke ich plötzlich an meiner Frau eine Veränderung. Ich schwärme gerade von Bremerhaven und den Krabben, da schickt sie unsere beiden Söhne aus dem Zimmer. Anschließend klärt sie mich auf.

Es sind die oben erwähnten Ortschaften in Ihrer Nähe, die sie so peinlich berührt haben. Mein Finger drohte zum Zeigestock für unsere Kinder zu werden. Ich habe sie anschließend wieder etwas beruhigen können, denn man ist ja schließlich schon zwanzig Jahre verheiratet. Wenn es nach mir ginge, würde ich gern bei Ihnen Urlaub machen, zumal mich das Reizklima der See ungemein reizt. Meine Frau meint aber, daß wir wegen der Kinder schon allein nicht kommen können. Außerdem könne man ja auch keine Ansichtskarten verschicken:"Schöne Grüße aus Fickmühlen. Wir haben gerade in Flögeln Kaffee getrunken und wollen anschließend noch die Kirche in Hymendorf besuchen." Sie meint, das könne man der christlichen Verwandtschaft nicht zumuten. Ich bin da viel freier und unverklemmter, zumal ich mir vorstellen kann, daß wegen dieser Vorurteile der Touristen sicher noch günstige Zimmer zu kriegen sind.

Ich möchte Sie herzlich bitten, daß Sie auch im Interesse Ihrer Bürger meiner Frau eine beruhigende Antwort zukommen lassen, damit in den oben genannten Gemeinden der Verkehr mit den Fremden ständig zunehmen kann. Ich freue mich doch schon auf die Krabben und die Rollmöpse in Bremerhaven.

Mit vorurteilsfreiem Gruß

Winfried Bornemann

Erholungsgebiet

Bederkesa

— Landkreis Cuxhaven —

Zweckverband Erholungsgebiet Bederkesa
Verkehrsamt – Seebeckstraße 7 – 2852 Bederkesa

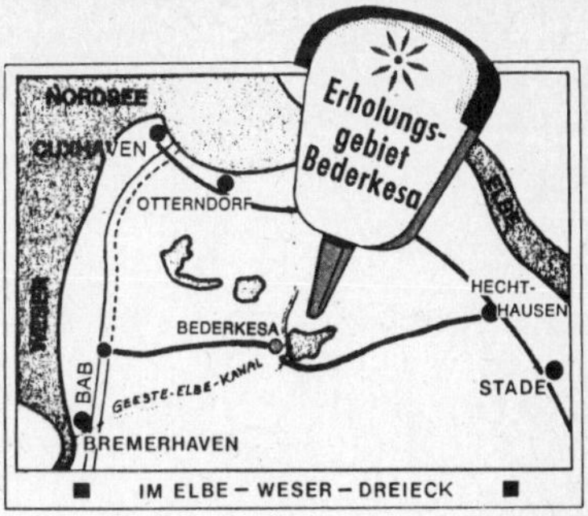

Herrn
Winfried Bornemann
Am Fillerschloß 47

4504 Georgsmarienhütte

Telefon: (0 47 45) 2 23
Kreissparkasse Wesermünde-Hadeln,
Hauptzweigstelle Bederkesa, Nr. 200 899 (BLZ 292 501 50)
Geestemünder Bank, Bederkesa, Nr. 14 044 002 (BLZ 292 200 53)

Bederkesa, den 03.02.1981

Sehr geehrter Herr Bornemann!

Herzlichen Dank für Ihre humorvollen Zeilen, die ich mit kräftigem Schmunzeln gelesen habe. Ich beantworte sie sehr gerne, gibt mir Ihr Brief doch Gelegenheit, einmal nicht unser sonst übliches Formschreiben auf Anfragen von Urlaubsinteressenten zu verwenden, sondern gezielt auf Ihre Fragen (und auch Feststellungen) einzugehen. Ich hoffe, daß dann auch Ihre Frau und die beiden Kinder "aufgeklärt" sind und gern der Reise ins Erholungsgebiet Bederkesa mit seiner "sündigen Meile" sprich Drangstedt - Fickmühlen - Hymendorf - Flögeln zustimmen!

Nun zunächst zur sachlichen Zuständigkeit: Sie haben (fast) vollkommen recht, die erwähnten Gemeinden bzw. Ortsteile gehören - bis auf Hymendorf - in unseren Zuständigkeitsbereich (= Samtgemeinde Bederkesa)! Hymendorf ist ein Ortsteil der Einheitsgemeinde Langen. Aber ein Prospekt auch dieser Gemeinde ("Langen - Neuenwalde") ist trotz "Nicht-Zuständigkeit" - die es im Fremdenverkehr bei so eng beieinander liegenden Orten eigentlich gar nicht gibt - beigefügt.

Und nun zur Beruhigung Ihrer werten Frau Gemahlin: Ich versichere Ihnen, daß es sich trotz der nicht eben wohlklingenden Namen um ganz harmlose Ortschaften handelt, die genau wie der zentrale Fremdenverkehrs- und staatlich anerkannte Luftkurort Bederkesa - eine hübsche, vielseitige Wald- Wiesen- und Moorlandschaft aufweisen, und die, da etwas abseits vom großen Rummel der direkten Küstenorte, eine besondere Ruhe ausstrahlen und in denen der Gast noch echt König ist. Übrigens bleibt Ihrer Gattin die Peinlichkeit des Schreibens der erwähnten Ansichtskarten erspart, diese Gemeinden und Ortschaften haben bisher meines Wissens keine eigenen Postkarten

- 2 -

herausgegeben. Umso mehr dürften die Prospekte und Ansichtskarten des gesamten Erholungsgebietes Bederkesa Ihre und auch die Zustimmung Ihrer Verwandtschaft finden.

Sollten Sie trotz des Studiums unserer Prospekte immer noch keinen Drang nach Drangstedt und Umgebung spüren und doch wieder nach Mallorca reisen, so schreiben Sie uns doch bitte eine Ansichtskarte von dort, damit ich meinen Gästen anhand des Bildes zeigen kann, wieviel schöner es hier ist...! Und ich esse dann für Sie Ihren Fisch in Bremerhaven (den es auch bei uns recht gut gibt!) Wohin Ihre Reise auch geht, ich wünsche Ihnen und Ihrer Familie viel Spaß und angenehmes Entdecken!

Sollten Sie sich für uns entscheiden, wäre ich glücklich, Sie im Verkehrsamt begrüßen zu dürfen - Kennwort "Sündige Meile"!

Mit freundlichen Grüßen

Im Auftrage

(Müller)

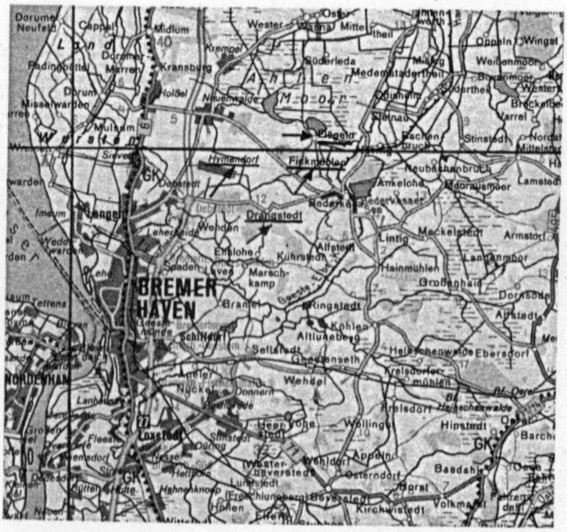

Wie gesagt: <u>der</u> ist für Weihnachten!

→ siehe S. 27

Winfried Bornemann

4504 Georgsmarienhütte, den 17.5.81
Am Fillerschloß 47

Deutscher Feuerwehrverband
z.Hd. Präs. Architekt A. BÜRGER
Koblenzer Str. 133

5300 BONN 2

8

Betr.: <u>LÖSCHPAPIER</u>

Sehr geehrter Herr Bürger,

in schwierigen Fragen des Lebens soll man sich gleich an den Fachmann wenden, so lautet ein alter Grundsatz meiner Großmutter. Was war geschehen?
Vor zwei Wochen hatten wir einen kleinen Zimmerbrand. Eine Kerze war umgekippt und hatte den Teppichboden ein wenig zum Lodern gebracht. Nichts für die großen roten Wagen mit der Leiter, sondern hier ist spontane Löschselbsthilfe nötig. Spritz.. Doch schön der Reihe nach. Da wir keinen Feuerlöscher im Hause haben, sondern nur im Auto, mit dem aber gerade meine Frau unterwegs war, hatte ich eine Blitzidee: LÖSCHPAPIER!! Jetzt endlich konnten die großen Mengen Löschpapier zum Einsatz kommen, die ich in Schülerheften im Laufe der Jahre gefunden und einbehalten hatte, weil diese ohnehin mit dem Kuli schrieben. Ich stürze mich mit einem Stapel feinsten Löschpapiers auf die Flammen bzw. in die Flammen. Ersticken der Flammen, es wäre so schön gewesen. Sie ahnen den Ausgang. Nachdem nun wieder ein neuer Teppich (brandneu) liegt, der Schriftverkehr mit der Versicherung abgeschlossen ist, möchte ich Ihnen folgende Fragen stellen:

1. Sollten Sie sich nicht dafür einsetzen, daß der Name LÖSCHPAPIER geändert wird, weil er dem Bürger ein falsches Sicherheitsgefühl vermittelt?
2. Sind Ihnen schon öfter solche Vorfälle gemeldet worden?

Mit einem Brand in der Kehle grüßt Sie

Winfried Bornemann

ZEBRA HUSCH UND WEG

DEUTSCHER FEUERWEHRVERBAND
BUNDESGESCHÄFTSSTELLE

Deutscher Feuerwehrverband, Postfach 200 269, 5300 Bonn 2

Herrn
Winfried Bornemann
Am Fillerschloß 47

4504 Georgsmarienhütte

A.-Z. 31.8 vor/wi
(Bei Antwortschreiben wird um Angabe des obigen Geschäftszeichens gebeten.)

Ihr Zeichen	Ihre Nachricht vom	BONN
	17.5.81	26.5.1981

Betr.: Löschpapier

Sehr geehrter Herr Bornemann,

ich bestätige den Eingang Ihres obigen, an unseren Präsidenten gerichteten Briefes. Da Herr Präsident Bürger gegenwärtig mit der Vorbereitung der Internationalen Wettkämpfe in Böblingen sehr stark belastet ist und sich laufend auf Dienstreise befindet, hat er mich gebeten, Ihnen den Brief direkt zu beantworten. Im ersten Moment habe ich nach dem Lesen Ihres Briefes etwas geschmunzelt, welches sich dann jedoch schnell in ein ernsthaftes Nachdenken verwandelte. Bisher sind uns solche Verwechslungen, die ohne weiteres im Bereich des Möglichen liegen, noch nicht bekanntgeworden, um Ihnen hiermit gleich Ihre zweite Frage zu beantworten. Sosehr man im ersten Moment eine bei Ihnen vorgekommene Irreführung aufgrund des Namens für ausgeschlossen hält, ist es doch sehr naheliegend, wenn man die gesamte Angelegenheit sorgfältig überprüft. Ich hoffe, daß Ihnen durch die vorgekommene Verwechslung beim Löschversuch nicht noch ein größerer, sonst vermeidbarer Schaden am Teppichboden entstanden ist. Durch Ihre bösen Erfahrungen nachdenklich geworden, muß ich Ihnen bestätigen, daß der Name LÖSCHPAPIER tatsächlich in der Bevölkerung zu Irrtümern Anlaß geben kann. Da dieser Begriff aber andererseits eine sehr alte und landauf, landab eingebürgerte Bezeichnung für das Saugpapier zum Aufnehmen von Flüssigkeiten (u.a. Tinte) ist, wird es erhebliche Probleme geben, hier einen Namenswandel vorzunehmen. Unabhängig davon werden wir uns aber beim Deutschen Institut für Normung (DIN) dafür einsetzen, den Namen Löschpapier in einen anderen zu ändern, der weniger zu Irreführungen Anlaß gibt. Abschließend darf ich mich für Ihr Schreiben recht herzlich bedanken.

Mit freundlichen Grüßen

Reinhard Voßmeier

Präsidialkanzlei: 7214 Zimmern o. R. 1, Rottweiler Str. 21, Postfach 25, Ruf (0741) 7369
Bundesgeschäftsstelle: 5300 Bonn 2, Koblenzer Str. 133, Postfach 200 269,
Ruf 331 093 (nach Dienstschluß 473 333)

Präsident Architekt Albert Bürger
Bundesgeschäftsführer Reinhard Voßmeier

Winfried Bornemann

4504 Georgsmarienhütte, den 27.2.81

Am Fillerschloß 47

Geschäftsleitung

[redacted]

Postfach

[redacted]

9

Betr.: DEKORATIONSPUPPE

Sehr geehrte Damen und Herren,

es gibt Briefe, die einem nur schwer aus der Maschine gehen. Dieser gehört dazu. Wie fängt man an? Man will nicht mit der Tür ins Haus Fallen. Dennoch: Ich bin viel allein. Inzwischen bin ich in dem Alter, wo andere längst eine Frau gefunden haben oder sich aber wenigstens einen Hund angeschafft haben.
Mir gelingt nicht einmal das letztere, weil mein Hauswirt etwas dagegen hat.
So sitzt man auf der Bude oder geht ins Kino. Ich brauch unbedingt Gesellschaft.
Von meinen Aufenthalten in Göttingen (Eltern) weiß ich, daß die Schaufensterpuppen von [redacted] täuschend echt gemacht sind, lebensecht und fast lebendig.
Ich möchte deshalb bei Ihnen anfragen, ob Sie mir eine der Puppen überlassen könnten, damit bei mir zuhause ständig jemand auf mich wartet, mit dem ich mich unterhalten kann, bzw. dem ich was erzählen kann und der dann nicht weghört.

Mit freundlichem Gruß

Winfried Bornemann

ZENSUR

[redacted]

Sekretariat -/Ha.

[redacted]ngesellschaft

Herrn
Winfried Bornemann
Fillerschloß

4504 Georgsmarienhütte

Tag 20. Mai 1981

Sehr geehrter Herr Bornemann!

Wir haben alle Ihre Schreiben erhalten, waren aber zunächst der Meinung, daß wir Ihnen darauf nicht antworten müssen. Da Sie aber so beharrlich darauf bestehen, müssen wir Ihnen zu unserem Bedauern mitteilen, daß wir Ihnen aus grundsätzlichen Erwägungen die gewünschte Dekorationspuppe nicht überlassen können.

Darüber hinaus sind wir der Auffassung, daß ein solch toter Gegenstand Ihnen bei der Lösung Ihres Problems mit Sicherheit nicht helfen kann.

Es gibt in fast allen Städten Anlaufstellen für einsame Menschen, wie Sie es zu sein scheinen, die bestimmt besser helfen können, als eine Dekorationspuppe.

Vielleicht sollten Sie auch einmal den Versuch unternehmen, sich in ärztliche Behandlung zu begeben, damit Ihnen dort geholfen wird.

Bitte haben Sie aber für unsere Absage Verständnis.

Mit freundlichen Grüßen

[redacted]
Sekretariat

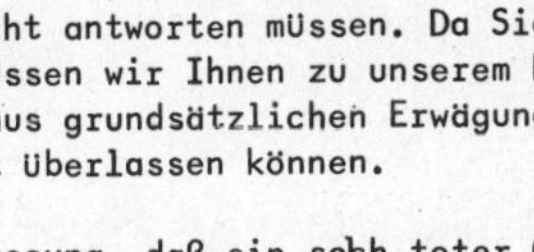

[redacted]

Winfried Bornemann 4504 Georgsmarienhütte, den 18.6.81

F I L L E R S C H L O ß

Exil CDU
Herrn Dr. J. Baptist Gradl
Manfred von Richthofen Str. 2
1000 BERLIN 42

10

Sehr geehrter Herr Gradl,

im Beisein meines hochgeschätzten Freundes Dr. Barth fällt in einer politischen Diskussion der Name Ihrer Vereinigung. Erst glaubte ich an einen Versprecher, doch einer der Anwesenden konnte mir Ihre werte Adresse geben. Allerdings war es so, daß niemand genau wußte, welche politischen Inhalte Sie vertreten. Man ergoß sich in Mutmaßungen. Einer meinte, daß in Ihrer Vereinigung alle jene CDU Politiker zusammengeschlossen sind, die der CDU ideologisch den Rücken gekehrt haben, ein anderer glaubte, daß man in Berlin statt Opposition einfach das Wort Exil verwendet, was mit dem Vier-Mächte-Status zusammenhängen soll.
Demnach müßten Sie ja jetzt in Auflösung begriffen sein, da die CDU in Berlin endlich die Mehrheit bekommen hat.
Ich liebe es nicht, daß in politischen Fragen spekuliert wird, so daß ich Sie bitten möchte auch aus Interesse an Ihrer Arbeit, mir einige Zeilen über Ihr wahres Tun zukommen zu lassen. Ich werde das unverzüglich meinen Freunden Mitteilen.

Mit freundlichem Gruß

Winfried Bornemann

„Das einzige, was hilft, ist Härte"

CHRISTLICH-DEMOKRATISCHE UNION DEUTSCHLANDS
1000 BERLIN 42, MANFRED-VON-RICHTHOFEN-STRASSE 2 TELEFON: 785 80 50 u. 785 80 59

EXIL-CDU

den 26. Juni 1981 Kr/vJ.

Herrn
Winfried Bornemann
Fillerschloß
4504 Georgsmarienhütte

Sehr geehrter Herr Bornemann !

Ihr freundliches Schreiben an Herrn Dr. Gradl soll ich Ihnen beantworten. Gern gebe ich Ihnen Auskunft über unsere EXIL-CDU, ein als Landesverband Mitteldeutschland anerkannter Parteiverband der CDU in der Bundesrepublik. Die CDU wurde 1945 in Berlin gegründet und zugleich in allen 5 Ländern Mitteldeutschlands: Brandenburg, Mecklenburg-Vorpommern, Sachsen, Sachsen-Anhalt und Thüringen. Der anfangs scheinbar gelungene Versuch, eine christlich-demokratische Partei in der sowjetisch-besetzten Zone zu schaffen, mißlang dann Ende 1947. Die sowjetische Besatzungsmacht setzte den Hauptvorstand der CDU ab und verbot ihm das Betreten Ostberlins. Im Verlauf der weiteren Jahre 48-49 wurde dann von der Sozialistischen Einheitspartei und der sowjetischen Roten Armee alle Landes- und Kreisverbände gleichgeschaltet auf sozialistisch-marxistische Arbeitskreise. Viele Freunde der CDU, die Funktionen und Ämter übernommen hatten, wurden verschleppt und verhaftet. Viele konnten sich durch Flucht in den freien Westen retten. 1949 stellten wir fest, daß von den frei gewählten Delegierten des letzten Parteitages der CDU der sowjetischbesetzten Zone in Ostberlin fast zwei Drittel sich in Berlin-West oder in der übrigen Bundesrepublik befanden, also im eigenen Vaterland, aber im Exil, nicht mehr in ihrer Heimat.

Die Exil-CDU ist also die legitime, legale Christlich-Demokratische Union der sowjetisch besetzten Zone für Mitteldeutschland solange bis in Mitteldeutschland freie Wahlen möglich werden.

Ich hoffe, in diesen kurzen Darlegungen Ihnen genügend Informationen über unsere Exil-CDU gegeben zu haben.

Mit guten Wünschen und freundlichen Grüßen

Ihr

(Alfred Krause)

geschäftsführendes Hauptvorstandsmitglied der Exil-CDU

Winfried B o r n e m a n n

4504 Georgsmarienhütte, den 18.2.81

Am Fillerschloß 47

Geschäftsleitung

TESAFILM

Unnastr. 48

2000 HAMBURG 20

11

Betr.: Filmverzeichnis

Sehr geehrte Damen und Herren,

ich bin Mitglied eines Filmclubs, der es sich zur Aufgabe gemacht hat, junge Leute mit wichtigen und spannenden Filmen bekannt zu machen. So haben wir beispielsweise einen Dokumentarfilm über Soraya gebracht und uns filmisch mit den Problemen der Pubertät auseinandergesetzt. Auf der Suche nach neuen Filmen habe ich von einem Bekannten Ihre Anschrift bekommen. Es wurde mir gesagt, daß Ihre Filme relativ preiswert zu bekommen seien. Ich möchte Sie deshalb recht herzlich um die Zusendung Ihrer Filmliste bitten. Hoffentlich sind Ihre Rollen nicht zu groß. Der Durchmesser dürfte nicht mehr als 45 cm betragen.

Hochachtungsvoll

Winfried Bornemann

Beiersdorf AG

BDF●●●●

Beiersdorf AG, Unnastrasse 48, D-2000 Hamburg 20

Unnastrasse 48, Hamburg 20
Telefon (040) 5 69-1
Telex 02 15 795 bdf d
Telegramme Beiersdorf Hamburg

Herrn
Winfried Bornemann
Am Fillerschloß 47

4504 Georgsmarienhütte

Ihre Zeichen	Ihr Schreiben vom	Unsere Zeichen	Durchwahl	Datum
-	-	3626-Krs-Kt	569- 2610	06.04.81

Sehr geehrter Herr Bornemann,

wir danken Ihnen für Ihr Schreiben, das durch ein Versehen liegenblieb.

Es muß sich um eine Verwechslung handeln, wir stellen kein Filmmaterial für Filmer her, sondern ausschließlich den bekannten tesafilm - und der ist in der Tat preiswert, aber wir glauben nicht, daß Sie damit etwas anfangen können.

Mit freundlichen Grüßen
B e i e r s d o r f   AG
i.A.   i.A.

Krause   Winter

Registergericht
Hamburg HRB 1787

bbn 40 05800 9

Vorstand: Dr. Hellmut Kruse, Vorsitzender.
Dr. Peter Knappertsbusch, Dr. Martin Mohs,
Dr. Ulrich Nafe, Jürgen Peddinghaus,
Hans-Otto Wöbcke.
Vorsitzender des Aufsichtsrats: Georg W. Claussen.

Dresdner Bank Hamburg, Nr. 4 310 834 00
Landeszentralbank Hamburg, Nr. 200 07341
M. M. Warburg-Brinckmann, Wirtz & Co Hamburg,
Nr. 236 640
Postscheckkonto Hamburg, Nr. 43-203

Winfried Bornemann

4504 Georgsmarienhütte, den 20.4.8.
Am Fillerschloß 47

Playboy Berater-Redaktion
Augustenstr. 10
8 München 2

12

Betr: Anfrage und Beratung

Seit etwa drei Jahren habe ich eine sehr intensive und heftige Brieffreundschaft. Schockiert hat mich nun die Mitteilung meiner Mutter, daß dieser vor-eheliche Briefverkehr schädlich sein soll. Sie hat mir empfohlen, Mäßigung zu üben und nur noch kalte Umschläge zu verwenden. Was soll ich tun.? Empfehlen Sie eine Fortführung dieser innigen Briefbeziehung oder soll ich mich der Lebenserfahrung meiner Mutter beugen.?

Mit ratlosen Grüßen

Winfried Bornemann

DRUM BRIEFE, WER SICH EWIG BINDET (SÄCHSISCHE WEISHEIT)

DER PLAYBOY BERATER

Wieso wird der Hummer rot, wenn man ihn kocht? – T. L., Hagen.

Hummer lagern Farbstoffe jener Pflanzen, denen sie ihren Bedarf an Vitamin A entnehmen, in ihrem Panzer ein. Dabei werden die rotfärbenden Kohlenwasserstoffmoleküle mit tierischem Eiweiß umhüllt. Wird der von Natur aus gelbbraune bis blaue Hummer in siedendes Wasser geworfen, gerinnt das Eiweiß und kann die Karotinoide nicht mehr binden. Folge: Der Hummer wechselt die Farbe.

Frauen, die „eine Wolke" sind, faszinieren mich. Gibt es anregende Literatur über Parfüme? – G. K., Heinersreuth.

Die frühesten Lobpreisungen auf die Düfte süßer Frauen finden Sie in der Bibel (Das Hohelied Salomos) und in den „Märchen aus Tausendundeiner Nacht". In der Bayerischen Staatsbibliothek zu München können Sie in den „Abhandlungen zur Morgenlandkunde" (Jahrgang 1966) Parfümrezepturen studieren, die ein Araber namens Kindi im neunten Jahrhundert aufgeschrieben hat. Im Fin-de-siècle-Roman „A rebours" schildert der Pariser Joris-Karl Huysmans 1884 eine Leidenschaft für Düfte, die zum Delirium führt (Titel der deutschen Ausgabe von 1965: „Gegen den Strich"). 1974 erschien Françoise Sagans verschwärmtes Sachbuch „Ein Hauch von Parfüm". Sittengeschichtliches von der Riechlust – Kenner sagen Osphresiolagnie – enthüllt das „Liebeslexikon" des PLAYBOY-Autors Ernest Bornem… Nasologisch, so berichtet er, zeic… besonders die Zivilisation der In… im Mittelalter über Südamerika… Die schönsten Indianermädchen d… mußten sich vor ihrem Regenten vers… wenn er eine neue Braut begehrte. Ers… alle tanzen, dann entkleiden: nicht der… schwung der Tänzerinnen, sondern vor… der Duft ihrer Hemden entschied, we… seine Sylvia werden durfte.

Seit meine Freundin schwanger ist, lebt sie in einer Lesben-Kommune. Wir treffen uns nur noch selten, denn sie will unbedingt in ihrem eigenen Bett schlafen, und ich übernachte nicht gern in ihrer Wohngemeinschaft. Auf das Angebot, mit mir gemeinsam eine Wohnung zu nehmen, geht meine Freundin nicht ein. Sie behauptet, für ihre Selbstverwirklichung sei es günstig, allein auf sich gestellt das Kind auszutragen. Ich steig' da nicht mehr durch. Was steckt eigentlich hinter diesem Rückzug? – R. W., Berlin.

Die Gefühle lesbischer Frauen sind nicht viel anders gestrickt als die heterosexueller Frauen. Will eine Mutterfreuden, muß sie also auch mit Männern ins Bett gehen. Denn

der technischen Möglichkeit, sich von einem anonymen Spender aus der Samenbank schwängern zu lassen, vertrauen begreiflicherweise nur wenige: Man möchte die Eigenschaften des Konstrukteurs doch ger… genauer kennen. Möglich also, d… Freundin Sie bloß als Erzeu… fand, im übrigen aber …

Geb… el…

in…

Ich… Mon… Geld müßte… ne ich mit meinen… Französisch- und Englisch… ssen einigermaßen durch? In welchem Hotel müssen wir absteigen, um die große Welt zu treffen? – R. B., Saarlouis.

Als Adresse empfehlen wir Ihnen die Vier-Sterne-Herberge Loews, wo auch die Nachtklub-Königin Regine, die Herzogin von Bedford, Sophia Loren und Sean Connery gelegentlich logieren. Vertrauen Sie darauf, daß die monegassischen Domestiken Deutsch verstehen. Und sorgen Sie sich nicht, daß man Ihr Geld zurückweisen würde. Lassen Sie einfach Ihren großen Auftritt durch den ehemaligen Bundeswehroffizier Norbert Zink arrangieren (Telefon 08 31/2 72 32). Der Kemptener kalkuliert fünftägige Monte-Carlo-Trips inklusive Chips, Hotel und Flug (ab Frankfurt) für Mann – und Maus – mit runden 15 000 Mark.

Irish coffee schätze ich, Rüdesheimer Kaffee ist mir bekannt. Gibt es eigentlich noch weitere spirituell verstärkte Kaffees? – H. K., Löhne.

Jede Menge. Kalt getrunken wird Kahlúa, ein Cafélikör, auf den man Schlagsahne appliziert. Im Sambuca, einem italienischen Anisgeist, schwimmen Kaffeebohnen, die man zerkaut, um dann die Zunge im Schnaps zu baden. Zum Nikolaschka wird eine Tasse kalter Kaffee mit 4 cl Brandy bereichert; obenauf soll eine Zitronenscheibe schwimm… halb mit Zucker bedeckt und mi… spitze Kaffeepulver gepu… rt man Café Apricot (mit … d Café Cointreau, Café … Café Orange: Der je… in den dampfenden … dann mit braunem … nur leicht geschla… ür den friesischen … es Stück Kandis … eßt Rum, dann … önt dick mit … schließlich … das schluck… d.

… letzter … igung … aup… heit … ei… nge… genommen … atigte Frauen den … herausgefordert haben? … man einer Frau ihre Arglosig… glauben, wenn sie bei einem betrunkenen Fremden übernachtet? – G. K., Rastatt.

Richtig ist, daß viele Frauen gelegentlich von einem Gewaltakt träumen. Dahinter steht der Wunsch nach einem sexuellen Abenteuer, das zu nichts verpflichten soll. Doch bleiben bei solchen Phantasien die persönlichen Vorlieben intakt – die meisten Träumerinnen möchten nur vom Typ ihrer Wahl überfallen werden. Bei tatsächlichen Vergewaltigungen wurde statistisch festge-

DER BRIEFTRÄGER WEIGERT SICH UNSINN
FANS KLAUEN MEINEN BRIEFKASTEN !!
BORNEMANNS ALPTRAUM
!
BOB HOPE KLAUT MEINE GAGS
ICH WERDE FÜR VOLL GENOMMEN
Schon wieder
porto !!

EINER SCHREIBT MIR DAUERND NONSENSBRIEFE !!
ZUTRAGEN !
MEINE FRAU MACHT NICHT MEHR MIT !
DIE POST STREIKT !
Hans Apel schreibt das Vorwort !!
ICH KOMME SCHON WIEDER VOR DEN KADI !!
MEINE ZUNGE ZU SCHWER ZUM BRIEFMARKENLECKEN !!
KEINER NIMMT MICH ERNST !!!

Winfried B o r n e m a n n

4504 Georgsmarienhütte, den 25.2.81

Am Fillerschloß 47

13

Geschäftsleitung
BAUKNECHT
Postfach
7000 Stuttgart 1

Betr.: Ihre Anzeige: "BAUKNECHT weiß, was Frauen wünschen"

Sehr geehrte Damen und Herren,

in vielen Werbeanzeigen Ihrer Firma finde ich den oben genannten Slogan. Ich gebe offen zu, daß mich dieser Spruch bis zu meiner Heirat im letzten Jahr kaum interessiert hat. Inzwischen hat sich die Situation aber dramatisch verändert. Meine Frau hat mir schon wiederholt vorgeworfen, daß ich nicht in der Lage sei, ihr die Wünsche von den Lippen abzulesen. So sehr ich auch auf die Lippen achte, ich kann keine Wünsche entdecken. In dieser Situation ist mir wieder Ihre Anzeige eingefallen. Es scheint ja demnach Wünsche zu geben, die allen Frauen gemeinsam sind. Ich möchte Sie recht herzlich bitten, mir diese Wünsche einmal mitzuteilen, damit meine Frau mit mir wieder zufriedener ist. Ich werde ihr auch nicht gleich verraten, daß Sie mir den Tip gegeben haben. Ich bin gespannt auf Ihre Antwort.

Mit freundlichen Grüßen

Winfried Bornemann

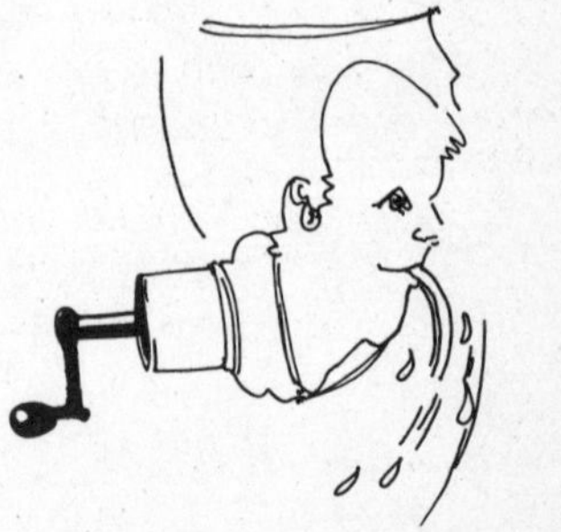

Bauknecht

G. Bauknecht GmbH Postfach 983 7000 Stuttgart 1

G. Bauknecht GmbH

Herrn
Winfried Bornemann
Am Fillerschloß 47

4504 Georgsmarienhütte

Gleitende Arbeitszeit:
Kernzeit 8.30–15.30 Uhr

Ihre Zeichen	Ihre Nachricht v.	Unsere Zeichen	Telex	Hausruf	Heidenklinge 22 7000 Stuttgart 1
	25.02.81	HV-WEL mä-t Herr Mämecke	07 2520-	343	27.02.81

Anzeige "Bauknecht weiß, was Frauen wünschen"

Sehr geehrter Herr Bornemann,

da wir es einfach nicht verantworten können, wenn Ihre Gattin Ihnen zürnt, wollen wir Ihr Schreiben sofort beantworten, denn natürlich wissen w i r, was Frauen wünschen.

Zuerst einmal einen netten, zuvorkommenden Ehemann, wie Sie zweifellos einer sind. Daran kann es also nicht liegen, wenn der Haussegen schief hängt.

Gehen wir den Dingen weiter auf den Grund: Alle Frauen wünschen sich natürlich eine moderne, wohnliche Küche mit zeit-, kräfte- und arbeitssparenden Hausgeräten, beispielsweise eine Bauknecht-Komplettküche. Vielleich werfen Sie einmal einen Blick in das jetzige Reich der Hausfrau, ob es wirklich allen Vorstellungen einer jungen, fortschrittlichen Hausfrau entspricht. Sollten Ihnen hier Zweifel begegnen, wären wir den wirklichen Ursachen sicher schon recht nahe. Damit Sie sofort Gegenmaßnahmen ergreifen können, fügen wir diesem Schreiben unseren neuesten Küchenprospekt bei. Geben Sie ihn Ihrer Gattin doch einfach einmal zum Anschauen... Schon die farbenfrohen Abbildungen werden sie begeistern und sie veranlassen, ihr Urteil über Sie zu berichtigen.

Sollte es jedoch nicht an den Küchenmöbeln liegen, dann vielleicht an den Einbaugeräten, die nicht mehr dem neuensten Stand entsprechen. Es ist ja einfach erstaunlich, was die moderne Industrie heute an Techniken und an Bedienungskomfort bietet....

Bauknecht

Blatt 2 zum Schreiben vom 27.02.81 HV-WEL mä-t an Herrn Winfried Bornemann, Am Fillerschloß 47, 4504 Georgsmarienhütte

Davon ist jede Hausfrau fasziniert. Damit Sie auch zu diesem Bereich gewappnet sind, fügen wir unseren Einbaugeräte-Prospekt bei.

Wir sind sicher, daß Sie Ihrer sehr verehrten Frau Gemahlin auf einmal in einem ganz anderen Lichte erscheinen werden, wenn Sie mit ihr einmal über moderne Küchen oder zukunftsichere Hausgeräte sprechen in der Absicht, ihr das Leben etwas angenehmer zu gestalten. Wir Männer achten ja sehr genau auf einen freundlichen und angemessenen Arbeitsplatz - warum soll es da nicht auch die Ehefrau an i h r e m Arbeitsplatz ein wenig freundlicher haben ?

Wir würden uns sehr freuen, wenn wir mit unserer Vermutung den Grund der Verstimmung Ihrer Gattin gefunden hätten und sind bescheiden genug, Ihnen zuzugestehen, selbst auf die Idee gekommen zu sein.

Als kleines Tüpfelchen auf dem I fügen wir eine Kleinigkeit bei, mit der Sie Ihrer Gattin sicher eine Freude bereiten werden, damit sie auch uns in guter Erinnerung behält.

Vielleicht schreiben Sie uns einmal, wie alles ausgegangen ist. Sollten wir Sie noch weiter unterstützen können, stehen wir gern zur Verfügung.

Mit freundlichen Grüßen
G. Bauknecht GmbH
- Werbeleitung -
ppa.

Anlage

Brösel, Fussel, Flusen, Flocken, Krümel, Zigarettenasche auf Tischen, Kleidung, in Ritzen, Regalen, Sesseln, Autos d Wohnwagen.

EK 1260 - Ba - 30.000 - 6.78

Winfried B o r n e m a n n

4504 Georgsmarienhütte, den 19.4.81

Am Fillerschloß 47

Sehr geehrter Herr Mämecke,

erst einmal recht herzlichen Dank für Ihren einfühlsamen Brief, die Küchenprospekte und die beiden boxhandschuhähnlichen Topflappen. Die letzteren verwenden meine Frau und ich sehr häufig, und das kam so: Ihre Tips und Prospekte im Rücken bin ich auf meine Frau zugegangen und habe sie um eine kleine Unterredung gebeten, in der Küche selbstredend! Ich habe ihr die Vorgeschichte mit Ihnen gebeichtet und nach geraumer Zeit die Prospekte unter dem Tisch hervorgeholt. Putzblanke Küchen und Geräte von BAUKNECHT. Unsere sterilweißen Hängeschränke dagegen, durch Fingerabdrücke entstellt. Ich blättere.... ich lächele. Ein Wink mit dem Zaunpfahl. Denke ich. Stattdessen erhebt sich ein Gewitter, das sicher auch unseren Nachbarn nicht verborgen geblieben ist. Originalton meiner Frau:" Das könnte dir so passen. Ich bekomme eine neue Küche, damit nichts anbrennt und ich meine Beschäftigung und Freude habe. Ich w i l l nicht in die Küche, nicht mehr als du auch. Kauf du dir doch ne neue Küche und bezahl mir ne anständige Urlaubsreise"...und so weiter. Dann kamen Ihre Topflappen ins Spiel. Boxhandschuhähnlich, wie gesagt. Da steh ich nun mit meinen Prospekten. Sie und ich haben es gutgemeint." Kauf dir doch ne neue Küche"...ich denke oft daran. Weiß BAUKNECHT etwa auch, was Männer wünschen? Ich weiß es im Augenblick nicht.
Soweit der Bericht von der Küchenfront. Müssen Sie Ihr Welt-Frauen -und Werbebild nun nicht ändern?

Mit kritischen Grüßen

„FRAU KNECHT WEISS WAS BAUERN WÜNSCHEN"

Bauknecht

G. Bauknecht GmbH Postfach 983 7000 Stuttgart 1

G. Bauknecht GmbH

Gleitende Arbeitszeit:
Kernzeit 8.30–15.30 Uhr

Herrn
Winfried Bornemann
Am Fillerschloß 47

4504 Georgsmarienhütte

Ihre Zeichen	Ihre Nachricht v.	Unsere Zeichen	Telex	Hausruf	Heidenklinge 22 7000 Stuttgart 1
	19.04.81	HV-WEL/Mä/sö Herr Mämecke	07 2520-	343	30.04.81

Sehr geehrter Herr Bornemann,

schade, daß unsere gutgemeinten Ratschläge bei Ihrer Gattin kein Echo gefunden haben und Sie unverändert in Ungnade sind. Natürlich haben wir Verständnis dafür, daß Ihre Gattin lieber verreisen als in der Küche stehen möchte ... doch braucht ja das eine das andere nicht auszuschließen! Wenn man jedoch in der Küchentätigkeit eine lästige Zumutung sieht, wird auch die schönste Küche und das modernste Gerät diese Einstellung nicht ändern können.

Wir fürchten daher, Ihnen - zumindest im Augenblick - nicht weiterhelfen zu können. Wir sind jedoch sicher, daß der Grund der Verstimmung nicht in der Küche lag, also andere Ursachen haben muß. Diese herauszufinden, liegt jedoch nicht in unserer Macht. Ein Reisebüro könnte hier sicher viel weiter helfen.

Übrigens: Die von Ihnen erwähnten "boxhandschuhähnlichen Topflappen" sind Grillhandschuhe!

Mit freundlichen Grüßen
G. Bauknecht GmbH
- Werbeleitung -

ppa.

EK 1152 – 3.80 – 20 000 – Stgt. Dr.

Vorsitzender des Aufsichtsrates: Dr. Reinhard Blasig
Geschäftsführer: Günter Bauknecht, Gert Bauknecht
Sitz der Gesellschaft: Stuttgart
Registergericht: Stuttgart Nr. HRB 887

Fernsprecher (07 11) 66 65-1
Fernkopierer 0671160 50 34
Fernschreiber Stuttgart 07-2520-0
Telegramm Bauknechtmotor
Postscheckkonto Stuttgart 148 28-700 BLZ 600 100 70
Commerzbank AG. Stuttgart 5 434 170 BLZ 600 400 71
Dresdner Bank AG. Stuttgart 9 008 676 BLZ 600 800 00
Stuttgarter Volksbank AG Stgt. 6 451 000 BLZ 600 901 00

HALLO, liebe Leser,
nur mal ganz kurz gestört.
Ich kann mir denken, daß Ihr Euch bei manchen Briefen fragt, ob ich im Eifer des Gefechtes nicht auch gleich die Antwortbriefe selbst geschrieben habe. Türken nennt man das, obwohl die gar nichts dafür können.

NEIN!

Alle Briefe sind echt gelaufen, großes Ehrenwort.

22.4.81

Winfried Bornemann
Fillerschloss

Geschäftsleitung

Garvens OHG

Abt. B4

3251 AERZEN

14.

Betr.: <u>Echter RUBENS</u>

Sehr geehrte Herren,

in der Zeitschrift DaS HAUS fiel mir Ihre Anzeige auf: "Millionär müssen Sie nicht sein...." Sicherlich ein Leseanreiz für jeden, der Millionär ist oder gern werden möchte. Ich habe auch sofort gestutzt. Etwas enttäuscht habe ich weitergelesen, da in meinem Falle besser das Wort <u>nicht</u> weggelassen worden wäre. Entschuldigen Sie bitte die Unbescheidenheit. Wesentlich für mein Schreiben war, daß Sie in Ihrer Anzeige von einem RUBENS sprechen. Ich darf Ihnen beichten, daß ich schon seit geraumer Zeit einen echten RUBENS für mein kleines Jagdschloß in Flakenholz suche. Die meisten meiner Galeristen sehen sich außerstande, mir einen zu besorgen. Sie haben wohl eine Menge Picasso und Dali auf Lager, aber keinen RUBENS. Nun habe ich mir gedacht, daß Sie ja Ihre Reproduktionen von einem echten RUBENS abgekupfert haben müssen. Kommen Sie da noch günstig dran? Oder alternativ würde mich noch der eine oder andere Original Spitzweg interessieren. Wie gesagt: es könnte ja sein, daß Sie multilaterale Kunstbeziehungen haben. Vielleicht können wir ein großes Geschäft zusammen machen.

Ich höre von Ihnen.

Hochachtungsvoll

Winfried Bornemann

Winfried Bornemann - Fillerschloss - 4504 Georgsmarienhütte - Tel.: 05401/31379
Bis zur Beantwortung bleibt der Brief mein Eigentum - Gerichtsstand Osnabrück

GEBRÜDER GARVENS OHG
Verkaufsbereich: Gemälde-Reproduktionen
Postfach 29 u. 48 – Grehberg 32 u. 35-37 – Telefon: Sammel-Nr. 05154/8353
D 3251 AERZEN 1 über Hameln

Mona Lisa, um 1503, von Leonardo da Vinci und andere

Gemälde berühmter Meister
meisterhaft reproduziert
auf Leinen verarbeitet u.
originalgetreu nachgebildet

Gebr. Garvens OHG. - 3251 Aerzen 1 üb. Hameln Postf. 29 u. 48

Herrn
Winfried Bornemann
Fillerschloss

4504 Georgsmarienhütte

RG/E
Aerzen,04.05.1981

Betr.: Echter Rubens

Sehr geehrter Herr Bornemann!

Wir bestätigen den Eingang Ihres Briefes vom 22. April 1981 und nahmen davon Vormerkung, daß Sie sich für einen echten Rubens oder ein Original von Spitzweg interessieren.

Leider können wir Ihnen die gewünschten echten Gemälde nicht anbieten und können wir auch keine bezügliche Adresse nennen, da die Originale dieser Maler selten zum Verkauf kommen.

Es tut uns sehr leid, daß wir Ihnen in dieser Angelegenheit nicht behilflich sein können.

Bei dieser Gelegenheit möchten wir jedoch noch daraufhinweisen, daß wir Ihnen außer unseren Reproduktionen auch Ölgemälde liefern können. Bei einem Besuch zeigen wir Ihnen gern einige Motive.

Mit freundlichen Grüßen

GEBRÜDER GARVENS OHG

P.S. In der Größe einschl. Goldrahmen 65 x 55 cm können wir Ihnen augenblicklich zwei sehr schöne Ölgemälde anbieten. Es handelt sich um die Darstellung von Mozart, 18-jährig am Klavier und Beethoven, um 1819 bei Notenschreiben. Fotos senden wir Ihnen gern auf Anforderung.

Etwas Besonderes für jedes Wohnzimmer

Tausende begeisterte Kunden im In- und Ausland. – Auch Sie werden begeistert sein.

Winfried Bornemann

4504 Georgsmarienhütte, den 26.5.81
Am Fillerschloß 47

Geschäftsleitung
DIETZ Verlag

1000 BERLIN - OST

Betr.: DAS KAPITAL von Karl Marx

Sehr geehrte Herren,

ich bitte um Ihre Hilfe! Zusammen mit einigen Freunden versuche ich der Frage nachzugehen, welche Zinsen inzwischen seit 1867 für das Kapital von Karl Marx angefallen sind. Nach unseren vorsichtigen Schätzungen muß es sich hierbei um einen Betrag handeln, der die Milliardengrenze bereits überschritten hat.
Sie werden sicher die genauen Zahlen kennen.

Hochachtungsvoll

Winfried Bornemann

15

Leider kam keine Antwort
aus Ost-Berlin.
Wissen Sie die genauen Zahlen?

DAS KAPITAL
KARL MARX
9. AUFLAGE
ZINSEN
1867–1982

Winfried Bornemann

4504 Georgsmarienhütte, den 26.5.81

Am Fillerschloß 47

Geschäftsleitung

DEUTSCHE ZENTRALE FÜR TOURISMUS E.V.

Beethovenstr. 69

6000 FRANKFURT 1

16

Sehr geehrte Damen und Herren,

ich bin sehr verunsichert. Die Wetterkarte zeigt ein Tiefdruckgebiet von Island bis zu uns. Strichweise Regen, widrige Winde. Am nächsten Morgen soll meine Urlaubsreise beginnen.
Als ich am anderen Tage aus dem Hause trete, grinst mich die Sonne an. Um es kurz zu machen: den ganzen Urlaub über hatte ich gepflegtesten Sonnenschein. So geht das schon seit Jahren. Bin ich nach dem Urlaub wieder in der Haustür, beginnt ein Platzregen!
Viele meiner Nachbarn sind bereits dazu übergegangen, ihren Urlaub mit meinem zu synchronisieren. Ich habe ein wetterfühliges Organ, das ich dem deutschen Tourismus nutzbar machen möchte. Mein Vorschlag lautet: ich verreise auf Ihre Kosten die gesamte Hauptsaison. So. Das garantiert Ihnen gutes Wetter und zufriedene Kunden. In der Nachsaison, die meist wenige Buchungen bringt, verreise ich ebenfalls. Auf Ihre Kosten. Das animiert viele Leute wegen des dauerhaft schönen Wetters dazu, noch einen kleinen Sonderurlaub nachzuschieben. Ist das nichts? Ich bin sicher, Sie können mich gebrauchen, Sie warten auf mich! Stimmts? Ich erwarte Ihre Einsatzbefehle für diesen Sommer.

Mit Sonnenbräune im Sinn grüßt

Winfried Bornemann

German National Tourist Board
Office Central Allemand du Tourisme
Centro Nacional Alemán de Turismo

DZT DEUTSCHE ZENTRALE FÜR TOURISMUS E.V.

DZT · Beethovenstraße 69 · D-6000 Frankfurt/Main 1

Herrn
Winfried Bornemann
Am Fillerschloß 47

4504 Georgsmarienhütte

Telefon 0611/75 72-1, Durchwahl 75 72-
Telex-Anschluß: Nr. 4-189178 dzt d
Telegramm-Adresse: Tourismus Frankfurtmain

Ihr Gesprächspartner:

Ihre Zeichen | Ihre Nachricht | Unsere Zeichen I A 3 mha/Kr. | Tag 24.06.1981

Ihr wetterfühliges Organ
- Ihr Schreiben vom 26.05.81 -

Sehr geehrter Herr Bornemann,

wir bestätigen dankend den Eingang Ihres freundlichen Schreibens, das bei uns unter der Rubrik "Raritäten - Seltsames und Kurioses" einen sicheren Platz finden wird. Um Verständnis dürfen wir Sie bitten dafür, daß wir Ihr Schreiben nicht prompt beantwortet haben. Wir wollten etwas mehr Zeit in Anspruch nehmen, um die Möglichkeit, Ihr Organ dem deutschen Tourismus zunutze zu machen, gründlich überprüfen zu können. Ausländer, die in Deutschland ihren Urlaub verbringen wollen, machen ihren Entschluß in der Regel nicht vom deutschen Wetter abhängig. Längst haben wir davon Abstand genommen, Regenwetter als "Schlechtwetter" und Sonnenschein als "Schönwetter" zu bezeichnen. Das Lockvögelchen DZT zwitschert schon seit Jahren mit Erfolg das Lied von der "Romantik", ein Begriff,der inzwischen zum Markenartikel geworden ist. Außerdem tut sich das Bundeswirtschaftsministerium als unser Brötchengeber schwer daran, angesichts leerer Kassen Planstellen für Leute mit wetterfühligen Organen zu schaffen.

Wir haben Ihre Idee deshalb zuständigkeitshalber an den Deutschen Fremdenverkehrsverband weitergeleitet, der es trotz steigender Energiekosten immer noch nicht leicht hat, die sonnenhungrigen Deutschen zu überzeugen, daß "Sonne gut, aber unser Klima besser" ist.

Uns bleibt lediglich, Ihnen auf Ihrer weiteren Suche viel Glück zu wünschen, und der konkrete Hinweis, daß Ihr wetterfühliges Organ sich einen ihm gebührenden Platz im kalifornischen Museum "BELIEVE IT OR NOT", fisherman's Wharf", finden dürfte. Auch steht Ihnen der Weg offen, für die Wissenschaft etwas zu tun. Nähere Informationen geben Ihnen die medizinischen Forschungsinstitute (Organspende).

Wir hoffen, Ihnen mit diesen Zeilen weitergeholfen zu haben.

Mit freundlichen Grüßen
Im Auftrag

(Haberstroh)

22.6.81

Winfried Bornemann
Fillerschloss

17

Deutsche Psychoanalytische Vereinigung

Am Hochsträß 8

7900 ULM

Sehr geehrter Herr Professor Henseler,

ich habe Ihnen ein paar Briefe beigelegt, die ich in letzter Zeit verfaßt habe. Bilden Sie sich bitte ein Urteil. Wenn es nach mir ginge, würde ich noch viele solcher Briefe schreiben. Wie kommt das eigentlich? Man macht sich ja so seine Gedanken. Sie haben doch täglich mit solchen netten Menschen zu tun. Bitte geben Sie mir doch mal Ihr ganz subjektives Gutachten. Frei formuliert, sowohl von Herzen als auch von wissenschaftlichen Gnaden. Ich brauche das.

Mit bestem Gruß

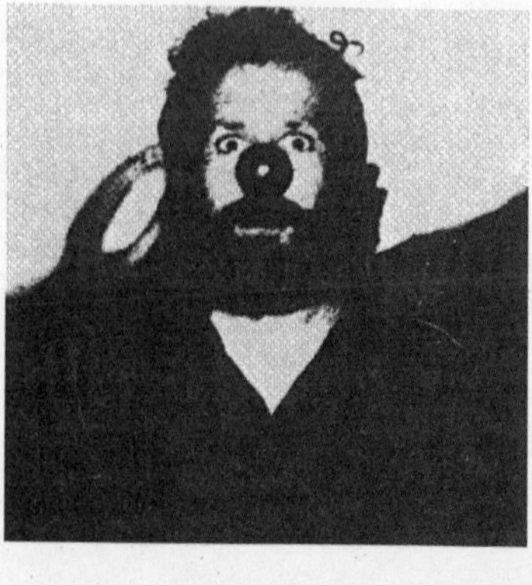

Winfried Bornemann - Fillerschloss - 4504 Georgsmarienhütte - Tel.: 05401/31379
Bis zur Beantwortung bleibt der Brief mein Eigentum - Gerichtsstand Osnabrück

DEUTSCHE
PSYCHOANALYTISCHE
VEREINIGUNG

(Zweig der Internationalen Psychoanalytischen Vereinigung) e.V.

Sitz: Berlin

Der Vorsitzende: Prof. Dr. med. H. Henseler

7900 Ulm, den 26.6.1981
Am Hochsträß 8
Tel. (0731) 1762981

Herrn
Winfried Bornemann
Fillerschloß

4504 Georgsmarienhütte

<u>Betr.:</u> Ihre Bitte um tiefenpsychologische Deutung

Sehr geehrter Herr Bornemann,

da Sie doch im Besitz von LINDES Muckefuck sind, frage ich mich, warum Sie die von Ihnen gewünschten tiefenpsychologischen Deutungen nicht aus dem Kaffeesatz von LINDES Muckefuck lesen. Bei Ihrer treffsicheren Art zu schreiben werden Sie sicher treffende Interpretationen finden.

Dabei viel Spaß und guten Erfolg!

H. Henseler

Winfried Bornemann

4504 Georgsmarienhütte, den 27.02.81
Am Fillerschloß 47

An den
Präsidenten des Deutschen Bauernverbandes
C. Frh. v. Heeremann
Haus Surenburg

4441 Riesenbeck/Rheine

Betr.: Bauernfrühstück

Sehr geehrter Herr von Heeremann,

ich darf es gleich vorweg sagen: ich bin kein Bauer. Dennoch verfolge ich mit Interesse und unverhohlener Sympathie Ihren engagierten Einsatz für unsere produktive Landbevölkerung. Wenn ich Landwirt wäre, wäre ich stolz auf Sie! Doch gar kein Vergleich mit dem dicken Kluncker von der ÖTV. Immer am Ball, ob es um Spinat geht oder um die Schweinepreise in der EG. Ich glaube deshalb auch, daß ich mit meiner Beobachtung bei Ihnen an der richtigen Adresse bin. Neulich hat sich jemand in einer Gaststätte ein "BAUERNFRÜHSTÜCK" bestellt. Da ist mir kl^{ar}geworden, was für eine Diffamierung des Bauernstandes in diesem Begriff steckt. Ein Bauer zum Frühstück, gar Teile des Bauern als Frühstück! Das ist ein Stück erniedrigender Sprachgebrauch, wobei ich auch die Ausrede nicht gelten lasse, daß es sich hier um alte Gewohnheiten handele. Whret* den Anfängen! Speziell nach den vielen Bauernkriegen sollte man etwas dagegen tun. Außerdem sind die Zutaten des Bauernfrühstückes für diesen Berufsstand erniedrigend. Kein Steak, kein Kotelett, nein Eier, Brot und ein paar wenige Scheiben Wurst. Muß sich das ein Landwirt heute gefallen lassen?
Bitte unterrichten Sie mich, ob Sie auch diesen Mißstand erkannt haben und was Sie zu dessen Abhilfe unternehmen wollen. Mit meiner Hilfe können Sie rechnen.

* Wehret natürlich, Verzeihung

Mit erdverbundenen Grüßen

Winfried Bornemann

Winfried B o r n e m a n n	4504 Georgsmarienhütte, den 14.5.81

Am Fillerschloß 47

An den

Präsidenten des Deutschen Bauernverbandes C. Frh. V. Heeremann

Haus Surenburg

4441 Riesenbeck/Rheine

Betr.: Bauernfrühstück - Mein Brief vom 27.2.81

Sehr geehrter Herr v. Heeremann,

in meinem Brief habe ich so von Ihnen geschwärmt. Charmantes Auftreten und eisenhart in der Sache. Inzwischen bin ich ein wenig betrübt darüber, daß ich immer noch keine Antwort von Ihnen bekommen habe. Sie werden doch sicher zugeben, daß es sich bei der von mir geschilderten Beobachtung um einen Mißstand handelt, der möglichst noch vor der diesjährigen Heuernte beseitigt sein sollte. Ich will mir später nicht von meinen Kindern nachsagen lassen, daß ich zwar die Probleme gesehen, nichts aber zu deren Beseitigung beigetragen habe.
Es müßte sich eigentlich doch ein bißchen Zeit für die Beantwortung meines Anliegens finden lassen, zumal doch in der EG momentan nicht viel läuft, weil alle auf dem Felde arbeiten müssen.

Hochachtungsvoll

Winfried Bornemann

P.S. Viele Kinder machen ein Bäuerchen. Was sagen Sie dazu?

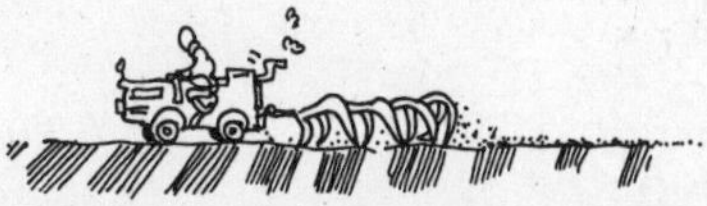

DEUTSCHER
BAUERNVERBAND E.V.

DER PRÄSIDENT

Pers.Referent

Bad Godesberg , den 14.5.1981
Andreas-Hermes-Haus
Godesberger Allee 142-148
Postfach 20 09 28
5300 BONN 2
Telefon (02 28) 37 69 55
Telex 8 85 586

Herrn
Winfried Bornemann
Am Fillerschloß 47
45o4 Georgsmarienhütte

P/649/81
Dr.Bo/Gie

Sehr geehrter Herr Bornemann !

Präsident Freiherr Heereman dankt Ihnen für die beiden Schreiben vom 27. Febr. und 19. April d.J. Sie können versichert sein, dass der Deutsche Bauernverband und sein Präsident sich über Ihr Engagement für die Bauern freuen. Bitte werten Sie die verspätete Antwort auf Ihre Schreiben aber nicht als "eisiges Schweigen", sondern als Ausdruck der terminlichen Beanspruchung aller Mitarbeiter des Deutschen Bauernverbandes im Zuge der agrarpolitischen Auseinandersetzungen im Frühjahr d.J.

Doch nun zum Inhalt Ihres Schreibens. Sicherlich kann man über den Begriff "Bauernfrühstück" geteilter Auffassung sein. Ich weiss aber nicht, ob man so weit gehen sollte, darin ein Stück erniedrigenden Sprachgebrauchs zu sehen. Denn dann müsste man die gleiche Beurteilung bei den Begriffen "Jägerschnitzel", "Steak a la Holstein" oder "Bismarck-Hering" anwenden. Ich glaube nicht, dass man bei dem heutigen Sprachverständnis mit der Bezeichnung eines Gerichts,unmittelbare Assoziationen mit einem angesprochenen Berufsstand oder einer Persönlichkeit hervorruft.

.../...

Trotzdem bin ich allerdings Ihrer Auffassung, dass wir Deutschen bei der Einnahme unseres Frühstücks wenig Esskultur an den Tag legen. Ich halte es für eine Aufgabe der durch die Bauern getragenen Marketing-Agentur,dafür zu sorgen, dass in diesem Punkte eine Änderung - sprich eine reichhaltigere Ausgestaltung des Frühstücks - erreicht wird.

Mit nochmaligem Dank für Ihr Schreiben
verbleibe ich

mit freundlichen Grüssen

H. Born

Dr. Born

Die dicksten Bauern ham
die dümmsten Kartoffeln.
meint Arthur.

BANKHAUS ZINS &
WUCHERLI
NÄCHSTE
LEERUNG
FRAITACH
xxx

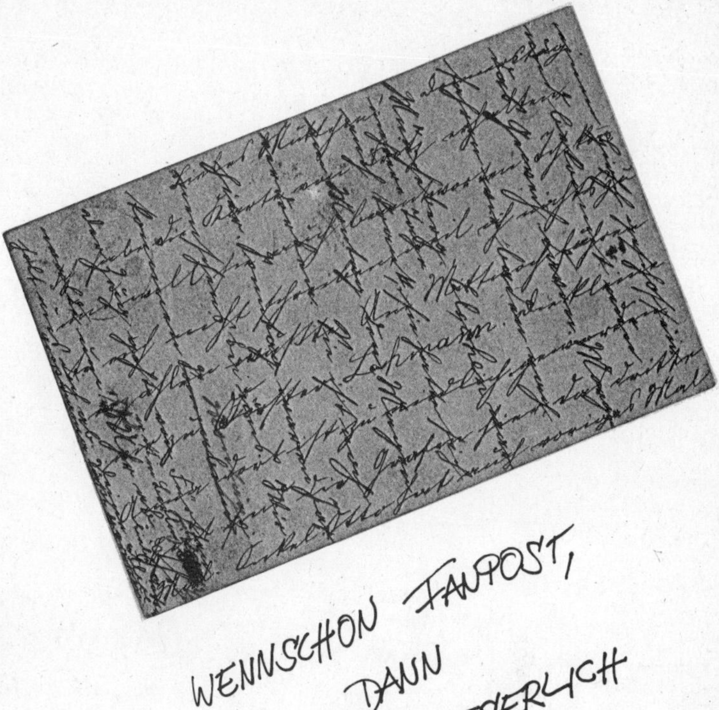

WENNSCHON FANPOST,
DANN
BITTE LESERLICH

17.5.81

Winfried Bornemann
Fillerschloss

Geschäftsleitung

LLOYD Versicherung

Karlstr. 10

8000 MÜNCHEN 2

19

Betr.: Versicherung gegen Versicherung

Sehr geehrte Herren,

gerade ist wieder ein Versicherungsvertreter bei uns vom Hof gefahren. Ich bin w i e d e r schwach geworden. Versichert bin ich jetzt gegen Depressionen und Brillenbruch. Jetzt reicht es mir aber langsam. Sie können versichert sein, daß mir fast keine Versicherung mehr fehlt. Das geht bei mir vom Schutz gegen Langeweile bis hin zu einer Versicherung gegen Brand mit heller Flamme und Schwelbrand. Ich bin von Natur aus ängstlich und stetiges Opfer sicher auftretender Agenten. Nun fehlt mir nur noch e i n e Versicherung: die Versicherung gegen den Abschluß einer w e i t e r e n Versicherung. Da müssen Sie mir helfen.! Ich habe mir sagen lassen, daß Sie alles versichern, sogar die Soldaten gegen Krieg. Ich erwarte Ihr erlösendes Schreiben. Das versichere ich Ihnen.

Verunsichert grüßt

Winfried Bornemann

Winfried Bornemann - Fillerschloss - 4504 Georgsmarienhütte - Tel.: 05401/31379

Lloyd

Deutscher Lloyd
Lebensversicherung AG
Karlstraße 10
Postfach 200623
8000 München 2
Telefon (089) 5908-1
Telex 523986

Sitz: München
Registergericht:
München, HRB 42137

Vorstand:
Dr. Harold Kluge, Vorsitzender
Karel F. V. Blocisz
Dr. Wilhelm Gauer
Erich Stein

Vorsitzender des Aufsichtsrates:
Dr. Wilhelm Winterstein

Herrn
Winfried Bornemann
Fillerschloß

4504 Georgsmarienhütte

Ihr Zeichen | Ihre Nachricht vom | Unsere Durchwahl-Nr. (089) 5908 | Unser Zeichen FD 18 3 631-f-si | Datum 9.6.81

Betrifft (bitte bei Antwort angeben):
Versicherung gegen Versicherung

Sehr geehrter Herr Bornemann,

wir bestätigen dankend den Erhalt Ihres an unsere Geschäftsleitung gerichteten Schreibens vom 17.5.81.

Einerseits haben wir uns über den Inhalt Ihres Schreibens gefreut; denn er bestätigt uns, daß Sie den Versicherungsgedanken aufgeschlossen gegenüber stehen. Andererseits jedoch entbehrt Ihr Schreiben nicht einer gewissen Tragik insoferne, als Sie damit bestätigen, daß Sie nicht nein sagen können und somit ein stetiges Opfer sicher auftretender Versicherungsagenten sind.

Nehmen Sie es uns bitte nicht für Übel, wenn wir Ihren Hinweis, daß Sie sich gegen Depressionen und Langeweile haben versichern lassen als einen Scherz und evtl. einen symbolischen Hinweis darauf ansehen, daß es nichts mehr gibt, wogegen Sie sich nicht schon haben versichern lassen.

Ihrem Wunsch, Ihnen eine Versicherung gegen den Abschluß weiterer Versicherungen anzubieten, können wir leider nicht entsprechen; denn eine solche Sparte wird von uns und unseres Wissens auch von anderen Gesellschaften nicht geführt.

Wir bedauern es sehr, Ihnen das erwartete, erlösende Schreiben also nicht zugehen lassen zu können.

Mit freundlichen Grüßen

Deutscher Lloyd Lebensversicherung AG

Wir haben gleitende Arbeitszeit.
Unsere Mitarbeiter erreichen Sie daher am besten zwischen 9 und 15 Uhr.

Winfried Bornemann 4504 Georgsmarienhütte, den 15.8.81
Am Fillerschloß 47

20

Herrn
Bundesminister für das Post-und Fernmeldewesen
Kurt Gscheidle
Adenauerallee 81
5300 BONN

Lieber Herr Gscheidle,

wir sind im Zeitalter der Raumfahrt und alles ändert sich. Wirklich alles? Nein, da ist noch das Erscheinungsbild der Post. Antiquiert, hausbacken, muffig. Überholte Uniformen und Ausstattung erinnern an Nierentischkultur der 50er Jahre. Kein Pfiff, kein Pep, kein Pop.
Wissen Sie eigentlich, wie sehr Ihre Bediensteten sich unbewußt in ihrer Arbeitshaltung diesem drögen Erscheinungsbild anpassen?
Von mir befragte andere namhafte Designer bestätigen meine Bedenken. Deshalb gebe ich Ihnen heute zunächst kostenlos einige Tips, die Sie allerdings ohne meine Genehmigung nicht realisieren dürfen.

1. Die Grundfarbe GELB ist falsch gewählt. Farbpsychologen bezeichnen Gelb fast ausschließlich mit negativen Eigenschaften, hier besonders als "aggressiv". VORSCHLAG: Umstellung auf frisches Blau (gilt als "Zuverlässig-rational-treu - himmlisch") Zur Umgewöhnung empfehle ich für die Übergangsphase blaue Kreise auf gelbem Grund. Danach GELB raus!!

2. Das Posthorn sollte aus Tradition erhalten bleiben, allerdings nur noch in den gesamten Spektralfarben zu sehen sein.

3. Die Postuniformen sind schlimm, wenn Sie bedenken, daß wir auf das Jahr 2000 zusteuern:
Wenn schon Mützen, dann bitte nur noch pfiffige Ballonmützen, wie sie einst John Lennon trug und jetzt wieder die Bhagwan Fans.
Die Sakkos sind zu eng geschnitten, hier dürfte ruhig geschlabbert werden. Gleiches gilt für die unförmigen Hosen: die müssen doch oben schön locker sein und unten nicht flattern. Keine schwarzen Halbschuhe mehr - nur noch bunte Stiefeletten. Hemden ohne Kragen, weit geschnitten.

Zu den Farben:

Ballonmütze:	ROT (warm -freundlich - liebevoll)
Jackett:	FRISCHES BLAU
Hose:	Sommer WEISS - Winter BLAU
Hemd:	WEISS
Stiefeletten:	BUNT

Überlegen Sie sich das bitte und lassen Sie mich schnell wissen, wie wir das gemeinsam angehen wollen.

Mit freundlichen Grüßen

Winfried Bornemann

DER BUNDESMINISTER FÜR DAS POST- UND FERNMELDEWESEN

Der Bundesminister für das Post- und Fernmeldewesen · Postfach 80 01 · 5300 Bonn 1

Herrn
Winfried Bornemann
Am Fillerschloß 47

4504 Georgsmarienhütte

Ihr Zeichen, Ihre Nachricht vom	Mein Zeichen, meine Nachricht vom	☎ (02 28)	Datum
15.08.81	917-6 B 1721-01	14– 60 06 oder 14–1	10.09.81

Betreff
Visuelles Erscheinungsbild der Deutschen Bundespost

Sehr geehrter Herr Bornemann,

vielen Dank für Ihren Brief vom 15.08.81 und Ihre Vorschläge zum visuellen Erscheinungsbild der Deutschen Bundespost. Gestatten Sie mir hierzu bitte folgende Anmerkungen:

Gelb ist die traditionelle Farbe der Post und als solche allgemein bekannt. Es dürfte kaum ein privates oder staatliches Unternehmen geben, das so eindeutig mit einer Farbe in Verbindung gebracht wird wie die Post mit der Farbe Gelb. Die Umstellung auf eine andere Farbe würde von der Öffentlichkeit wohl schwerlich begriffen, ganz abgesehen davon, daß eine solche Änderung mit erheblichen Kosten verbunden wäre, wofür Mittel im Rahmen des derzeitigen Sparhaushalts gar nicht zur Verfügung stehen.

Die Deutsche Bundespost hat durch Marktstudien - ausgeführt von postunabhängigen Instituten - über Jahre geprüft, ob das Posthorn als Signet der Post richtig ist und erhalten bleiben soll. Dabei ist herausgekommen, daß das Horn in seiner jetzigen stilisierten Form die optimale Lösung ist.

Ich kann mich Ihrer Meinung, bei der Post gäbe es keinen Pfiff, keinen Pep und keinen Pop, nicht anschließen. Wer die modernen Bauten der Post kennt, ihre Werbung und Public Relations-Maßnahmen aufmerksam verfolgt, wird zugeben müssen, daß von "Nierentischkultur der 50er Jahre" nicht mehr die Rede sein kann. Was die Postuniformen angeht, so kann nicht jede Tagesmode mitgemacht werden. Wohl aber paßt sich die Post auch hier langfristig modischen Trends an. Im übrigen sind die "Geschmäcker" gerade in diesem Bereich sehr verschieden.

Ich bedauere sehr, daß ich von Ihren Vorschlägen keinen Gebrauch machen kann. Gleichwohl danke ich Ihnen für Ihr Interesse an

...

Dienstgebäude	Telex	Fax	Kontoverbindungen	
Adenauerallee 81	8 861 101	14 - 88 72	Generalpostkasse Bonn	Generalpostkasse Bonn
Bonn	8861101 bpm d		Postscheckamt Köln	Deutsche Bundesbank Frankfurt am Main
			(BLZ 370 100 50) KtoNr 16-503	(BLZ 504 000 00) KtoNr 504 013 00

der Deutschen Bundespost und für Ihre Mühe, mir in dieser Sache geschrieben zu haben. Um Ihnen einen Überblick über die moderne Post zu geben, füge ich vier Broschüren aus dem aktuellen Informationsprogramm der Deutschen Bundespost bei.

Mit freundlichen Grüßen

Im Auftrag

Graffe

Anlagen
4 Broschüren

IHR
BRIEF
HAT LEIDER
ÜBER-
GEWICHT

Winfried B o r n e m a n n 4504 Georgsmarienhütte, den 1. 3. 81

Am Fillerschloß 47

Geschäftsleitung

LUHNS Seifenfabrik

Postfach

5600 WUPPERTAL

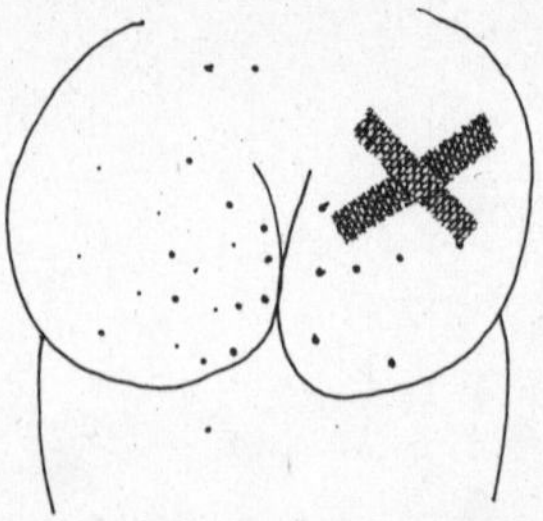

Betr.: K e r n s e i f e

Sehr geehrte Herren,

als Student ist man immer bemüht, möglichst günstig einzukaufen. Das fängt bei der Körperpflege an. Es müssen nicht unbedingt die teuren und umweltfeindlichen Sprays und parfümierten Seifen sein. Will man sauber bleiben, genügt schon ein einfaches Stück Kernseife. Preiswert, ohne aufwendige und nutzlose Verpackung, im Farbton dem bräunlichen Körper angepaßt. Einfach kernig.
Nun hat jede gute Sache auch seinen Haken. Bei mir sind es die kleinen roten Pickelchen, die sich bei mir im sechsten Jahr der Kernseifenbenutzung gebildet haben. Wo? Auf dem Gesäß, um nicht zu sagen, auf dem.... Ich hätte ja auch gar nichts gesagt, denn an dieser Stelle kommt es ja nicht unbedingt auf Schönheit an. Ein anderer Gedankengang beunruhigt mich: KERNSEIFE, das klingt auch ein bißchen nach Kernkraftwerk. Jetzt ahnen Sie es.
Ist die Kernseife möglicherweise ein Abfallprodukt der Kernkraftwerke? Haben deshalb meine Pickeln eine radioaktive Ursache? Darüber könnte ich allerdings gar nicht lachen. Sie werden sich rausreden und sagen: Steht doch auf der Packung. Motto: Wahrheit ist die beste Tarnung. Hoffentlich sind Sie aber so fair und lassen die bei mir anfallenden Untersuchungen und Bestrahlungen über Ihre Haftpflichtversicherung laufen.
Soweit der Bericht über meine Kehrseite. Ich bin gespannt auf Ihre Antwort.

Mit kernigen Grüßen

Winfried Bornemann

P.S. Bitte schicken Sie mir zum Trost kein Stück Kernseife!!!

SEIFEN- U. GLYCERIN-FABRIKEN **LUHNS**

AUG. LUHN & CO. GMBH

Herrn
Winfried Bornemann
Am Fillerschloß 47

4504 Georgsmarienhütte

Wuppertal, 23. April 1981
Dr.Fl./fr

Betr.: Kernseife

Sehr geehrter Herr Bornemann,

wir bestätigen Ihre Schreiben vom 1.3.1981 und 16.4.1981. Ihr erstes Schreiben haben wir für einen verspäteten Faschingsscherz gehalten und deshalb nicht beantwortet. Wir dürfen sicherlich davon ausgehen, daß Sie als Student und somit sicherlich sehr intelligenter Mensch zwischen Kernseife und Kernkraftwerk trennen können.

Kernseife dient heute im allgemeinen nur noch zur Vorbehandlung verschmutzter Wäsche. Nur wenige Konsumenten werden sie heute bei der Fülle der vom Handel angebotenen Alternativen zur Körperreinigung benutzen. Aber natürlich ist sie grundsätzlich wie zur Zeit unserer Großeltern auch dafür heute noch geeignet.

Ein Beweis hierfür sind Sie ja selber. Wie Sie schreiben, haben Sie Kernseife zur Körperreinigung 6 Jahre lang vertragen. Und nun haben sich Pickel gebildet.

Jeder Arzt, besonders jeder Dermatologe, wird Ihnen bestätigen, daß Pickelbildung viele Ursachen haben kann. Hauptursache sind im allgemeinen allergische Erscheinungen, wobei die Bestimmung des Allergens eine zeitraubende und schwierige Prozedur ist.

Um nun aber wieder auf unsere Kernseife zurückzukommen, empfehlen wir Ihnen, dieses Produkt nicht mehr zur Körperreinigung zu verwenden, sondern auf eine normale Toilettenseife, ein Duschbad oder Schaumbad überzugehen. Wenn Ihre Pickel dann weggehen, dann seien Sie froh und verwenden nie wieder Kernseife. Wenn Sie Ihre Pickel behalten, dann hat es an der Kernseife nicht gelegen, und wir können Ihnen nur empfehlen, sich in dermatologische Behandlung zu begeben.

Mit freundlichen Grüßen
Aug. Luhn & Co. GmbH

fach 200534 · Schwarzbach 91-137 · 5600 Wuppertal 2 · Anschrift für Stückgut und Expreßgut: Bahnhof Wuppertal-Oberbarmen (Selbstabholer) · Anschrift für Waggonladungen: Wuppertal-Wichlinghausen, chlußgleis · Ruf (02 02) 64 20 46 * · Fernschreiber: 8 591 805 luns d + 8 592 225 luns d (Einkauf) · bbn: 40 253 008 · Allgemeine Elsässische Bankgesellschaft, Düsseldorf, Kto. 260 113 291 · Banque de Paris es Pays-Bas, Düsseldorf, Kto. 2 003 007 · Commerzbank AG, Wuppertal, Kto. 4 401 600 · Deutsche Bank AG, Wuppertal, Kto. 942/8103 · Dresdner Bank AG, Wuppertal, Kto. 5 711 022 · Landeszentralbank, pertal, Kto. 330 083 38 · Postscheckkonto, Köln, Kto. 102 00-504 · Stadtsparkasse, Wuppertal, Kto. 802 231 · Amtsgericht Wuppertal HR Nr.: B 5198 · Geschäftsführer: Alexis Balis, Dr. Rolf Flatow, ard Probst · Vorsitzender des AR: Guy Berthe.

Winfried Bornemann

4504 Georgsmarienhütte, den 21.6.81

Am Fillerschloß 47

Kurverwaltung

Postfach

2192 HELGOLAND

22

Sehr geehrte Damen und Herren,

mein diesjähriger Sommerurlaub sollte mich eigentlich nach Helgoland führen. Ich liebe die Schiffsreise, den Labskaus und die schroffen Felsen. Den zollfreien Einkauf ebenfalls. Stutzig gemacht hat mich nun aber die Bemerkung eines Bekannten, daß sich die Inselbewohner dort hauptsächlich von den Touristen ernähren sollen. Da sind mir Zweifel gekommen, ob dies denn doch der richtige Ferienort sei. Verständnis hätte ich schon, denn die Enge des Raumes und die eisigen Winde lassen wohl kannibalische Gelüste aufkommen. Andererseits kommen mir auch Zweifel an der Ausssage des Bekannten, denn ich kenne jemanden, der seinen Urlaub in Helgoland unangetastet verbracht hat. Bitte geben Sie mir einen objektiven Lagebericht, ohne Fußangeln.

Mit besten Grüßen

Winfried Bornemann

HELGOLAND ...wirklich einmalig

DER KURDIREKTOR

Herrn
Winfried Bornemann
Am Fillerschloß 47

45o4 Georgsmarienhütte

Helgoland, 26. JUni 1981

Sehr geehrter Herr Bornemann !

Ich danke Ihnen für Ihr Schreiben vom 21. Juni und darf Ihnen mitteilen, daß Helgoland und die Helgoländer die Entwicklung in die Neuzeit nicht verpaßt haben. Somit dürften Sie auch den "Kannibalismus" in seiner Ur-Form nicht mehr vorfinden. Vielleicht hat Ihr Bekannter diese Mitteilung zum 1. April ausgesprochen.

Helgoland ist ein staatlich anerkanntes Seeheilbad und wurde immerhin 1826 gegründet. Nach dem Kriege nach völliger Zerstörung wieder aufgebaut, entstanden u.a. auch Restaurants mit einer großen Angebotspalette mit maritimen, herkömmlichen und Spezialgerichten. Natürlich leben die Helgoländer in erster Linie vom Tourismus, der somit auch die wirtschaftliche Basis bildet.

Ich hoffe, mit diesem kleinen und hoffentlich ankommenden Hinweis auch zur Ernährung der Helgoländer und der Gäste gedient zu haben.

Mit freundlichen Grüßen
KURVERWALTUNG HELGOLAND

(Köpp)

Winfried Bornemann

4504 Georgsmarienhütte, den 22.04.1981
Am Fillerschloß 47

Blendax-Werke
R. Schneider GmbH & Co
-Geschäftsleitung-
Rheinallee 88

6500 Mainz

23

Betr.: Ihre Zahnpasta

Sehr geehrte Damen und Herren,

ich schreibe Ihnen im Namen meiner beiden Söhne Frank und Gerrit. Sie haben soeben die Chromteile meines Autos poliert. Womit? Mit Ihrer Zahnpasta. Aus Versehen, versteht sich. Tube sieht wie Tube aus. Ergebnis: Hochglanz! Erster Klasse! Die 1,-- DM Putzprämie wurde sofort ausgezahlt. Anschließend habe ich mir ein paar Gedanken gemacht.
Ist es denn in jedem Fall wahr, daß ein Mittel für meine Autochromteile gleichermaßen gut für meine Zähne sein muß?
Ist das ganze denn nicht ein bißchen scharf?
Wußten Sie das selbst denn auch schon?
Ich erwarte Ihre hochglanzpolierte Antwort.

Mit einem gegenwärtig guten Geschmack im Mund
grüßt Sie

Winfried Bornemann

65 Mainz, Rheinallee 88, Postfach 1580
Fernsprecher Sammelnummer 6011, Fernschreiber 04187-825

Mainz, 6. Mai 1981
400/Hp

An
Frank und Gerrit Bornemann
Am Fillerschloß 47

4504 Georgsmarienhütte

Lieber Frank, lieber Gerrit,

Euer Vater hat uns am 22.4.81 geschrieben, daß Ihr mit Blend-a-med-Zahnpasta beim Polieren der Chromteile seines Autos einen hervorragenden Job abgeliefert habt. (Habt Ihr Euch schon einmal gefragt, ob die 1 DM Putzprämie, die Euer Vater zahlt, noch inflationsgerecht ist?)

Eure Entdeckung - das muß ich Euch leider sagen - ist nicht ganz neu. Schon meine Großtante, die inzwischen leider verstorben ist, hat mit Blend-a-med ihr Tafelsilber poliert. So ist es halt im Leben; mit vielen Dingen kann man Dinge tun, an die der Erfinder nicht gedacht hat und für die sie nicht bestimmt sind. Allerdings rate ich Euch dringend davon ab, die Sache nun andersherum zu machen und Eurem Vater womöglich Autopolitur als Zahnpasta auf seine Waschtischkonsole zu praktizieren. Es geht halt nicht immer in beiden Richtungen: So ist es auch ganz klar, daß Euer Hund - falls Ihr einen solchen habt - das medium-gebratene Filetsteak, das für Euren Vater bestimmt ist, mit großem Genuß verzehren würde, nicht aber Euer Vater das für jenen eingekaufte Chappi.

/ 2

Blendax-Werke R. Schneider GmbH & Co, Amtsgericht Mainz HR A 0277
pers. haft. Ges.: Lareena Verwaltungs- und Beteiligungs-GmbH, Amtsgericht Mainz HR B 1036
Geschäftsführer: Peter Riepenhausen, Josef Pohl, Dr. Helmut Raaf, Johannes Gromberg

Wir schicken Euch noch ein kleines Päckchen, damit Ihr immer etwas Vorrat in der Reserve habt von Blend-a-med-Zahnpasta, die - das muß nochmals ausdrücklich gesagt werden - zum Zähneputzen erfunden wurde und sich auf diesem Gebiet hervorragend bewährt hat.

Mit herzlichen Grüßen, auch an Euren Vater,

BLENDAX-WERKE
R. SCHNEIDER GMBH & CO.

(Dr. Raaf)

WIESO?
ABS. W. BORNEMANN
BORNEMANN
DU ALTER
BRIEFKOPF
SPAR-
BIER

Winfried B o r n e m a n n   4504 Georgsmarienhütte, den 25.2.81

Am Fillerschloß 47

Herrn

Franz Peter Hofmeister

Rotdornweg 24

5013 ELSDORF- HEPPENDORF

24

Sehr geehrter Herr Hofmeister,

ich habe gerade in Knaurs "PROMINENTENLEXIKON" von 198o geblättert und dort Ihren Namen gefunden. Den kurzen Angaben dort entnehme ich, daß Ihr Vater Franz heißt, Ihre Mutter Agnes (schöne Grüße) und Sie die Hobbys Leistungssport, Briefmarken und Weine kennenlernen haben. Das ist bei mir identisch. Außerdem haben Sie in den Jahren von 1972-1977 ein Studium der Betriebswirtschaft in Köln absolviert. Ich habe von 1965 bis 197o in Göttingen studiert. Seit 1978 sind Sie Diplom-Kaufmann bei Bayer. Ich bin seit 197o Lehrer. Warum stehen Sie im Prominentenlexikon und ich nicht? Wie haben Sie das gemacht? Ich würde mich freuen, wenn Sie mir diese Frage einmal beantworten könnten.

Mit unprominenten Grüßen

Winfried Bornemann

Elsdorf, 10.5.81

Sehr geehrter Herr Bornemann,

ich würde Ihre Frage gern beantworten, zumal sie Ihnen – wie ich Ihrem zweiten Brief entnehme – ein echtes Anliegen ist. Ich kann Sie jedoch nur an den Verlag verweisen, der für die Auswahl der „Prominenten" verantwortlich ist.
Die Anschrift kann ich Ihnen leider nicht mitteilen, da ich das Buch selbst nicht besitze.

Mit freundlichen Grüßen

[illegible]

Winfried Bornemann

4504 Georgsmarienhütte, den 7.3.81
Fillerschloß

Geschäftsleitung
Bayrische Motorenwerke -BMW
Postfach

8 MÜNCHEN

25

Sehr geehrte Damen und Herren,

ich wende mich jetzt direkt an den Fachmann und Hersteller, da mein Angestellter in der Sache nicht weitergekommen ist. Es geht um folgendes: Meine Tochter wird im nächsten Jahr achtzehn. Anders als ihre neun Geschwister liegt sie mir dauernd in den Ohren, daß sie dann keines meiner Autos, sondern unbedingt meine 6oo-ter BMW fahren will, die ich selbst nur noch gelegentlich im Hochsommer fahre. Ich bin der Meinung, daß schweres Lederzeug und Sturzhelm für einen Mann meines Standes nicht angebracht erscheinen. Die Maschine möchte also meine Tochter haben.

Ich habe nichts dagegen, zumal sie sonst damit gedroht hat, vorzeitig unser Haus zu verlassen. Unsere Tochter ist sehr zart, so daß die Gefahr besteht, daß sie mit der schweren Maschine umfällt, falls sie einmal anhalten oder das Motorrad hochbocken will.

Ich möchte deshalb bei Ihnen anfragen, ob Sie für solche Fälle (zarte Personen und gebrechliche Fahrer) bereits STÜTZRÄDER für Fahrschüler entwickelt haben, die ein Umfallen der Maschine verhindern. Ich kenne diese Räder beim Fahrrad, wo sie einen ähnlichen Zweck erfüllen.

Im Falle eines negativen Bescheids würde ich die Stützräder anfertigen lassen. Sind Sie ggf. an einer Serienfertigung interessiert?

, Hochachtungsvoll

Winfried Bornemann

BMW Motorrad GmbH + Co.

Herrn
Winfried Bornemann
Fillerschloß

4504 Georgsmarienhütte

Ihre Zeichen	
Ihre Nachricht vom	07.03.1981
Abteilung und Zeichen	RM-V-1 ba-ra
Durchwahl (089) 3 81 08 -	214
Datum	17.03.1981
Thema	

Sehr geehrter Herr Bornemann,

wir bedanken uns für Ihr Schreiben.

Zunächst dürfen wir hoffen, daß Ihrem Fräulein Tochter durch ihre Liebe zum Motorrad keine familiären Probleme entstehen. Wir als Motorrad-Hersteller würden dies sehr bedauern.

Was Ihren berechtigten Wunsch, Stützräder an unsere Maschinen anzubringen, anbelangt, so sehen wir uns leider außerstande, Ihnen hier eine Lösung anzubieten. Dies aus folgenden Gründen:

- fest angebrachte Stützräder verhindern die beim kurvenfahren notwendige Schräglage bzw. würden ein hartes Aufsetzen in der Kurve zur Folge haben und sind daher nicht montierbar.

- flexibel angebrachte Stützräder, die sich als einzige Lösung anbieten, bedürfen eines außerordentlich hohen Aufwandes und kommen daher aus Kostengründen nicht in Frage.

Wir wissen, daß der Reifen-Hersteller Continental in Hannover Motorrad-Reifen-Tests mit einem BMW Motorrad durchführt, das mit einem aufwendigen Stützrad-System ausgerüstetist. Für nähere Informationen bitten wir Sie, sich an die Test-Abteilung der Firma Continental zu wenden.

....

Postanschrift
Postfach 40 03 60
D-8000 München 40

Hausanschrift
Hufelandstraße 8f
D-8000 München 45

Telefon
(089) 3 81 08-1

Telex
523313 bmwvg d

Telegramm
Baymotorrad

Postscheckkonto
Berlin West 5401-108
BLZ 100 100 10

Bankkonten
Berliner Bank AG
9980 811 000
BLZ 100 200 00
Deutsche Bank Berlin AG
4 460 002
BLZ 100 700 00
Bank für
Handel und Industrie AG
2 436 000
BLZ 100 800 00
Hypo-Bank Berlin
2 600 406 704
BLZ 101 207 60

Geschäftsführer
Dr. Eberhardt C. Sarfert, Vors.
Dr. Wolfgang Aurich
Karl H. Gerlinger

Sitz und Registergericht
Landshut HRA 6854

BMW 3-1000

Nur Fliegen ist schöner.

BMW Motorrad GmbH + Co.

Empfänger Herr Winfried Bornemann, 4504 Georgsmarienhütte
Datum 17.03.1981
Blatt - 2 -

Wir bedauern es sehr, Ihnen keinen günstigeren Bescheid geben zu können, hoffen aber, daß Ihr Fräulein Tochter trotzdem ihren Führerschein erwerben kann.

Hierzu gestatten wir uns, darauf hinzuweisen, daß zunehmend Fahrschulen mit unserem Modell R 45 ausgerüstet sind, das die notwendigen Eigenschaften (leichte Handhabung, niedrige Sitzbank) aufweist, um auch jungen Damen das Erlernen des Motorradfahrends zu ermöglichen.

Noch einmal bedanken wir uns für Ihr Interesse und verbleiben

mit freundlichen Grüßen

BMW MOTORRAD GMBH + CO
München

i.V. i.V.

Barton Seyffertitz
Leiter
Verkauf Inland

BMW 3-1010

So begann der Schwachsinn!
Die Autoren
bei den ersten Planungen.

Winfried Bornemann 4504 Georgsmarienhütte, den 1.3.81

Fillerschloß

Lob und Hudel
Rondeel 29

2000 Hamburg 60

26

Betr.: Einstieg in die RENTNERBAND

Liebe Rentnerband,

Eure Adresse habe ich von meinem Sekretär Ronald, der sich vorbildlich um mein Wohlergehen kümmert. Er ist mir rührig behilflich, daß ich meinen Ausstieg aus den Geschäften ohne seelischen Schaden überstehe. Anläßlich einer Fuchsjagd habe ich ihm gebeichtet, daß ich in jungen Jahren ein begeisterter Mandolinenspieler war. Seitdem bedrängt er mich mit dem Gedanken, auf meine älteren Tage einer Musikgruppe beizutreten. Da es sich ja normalerweise bei solchen Gruppen um junge Leute handelt, die außerdem meist an lauter und schriller Musik interessiert sind, habe ich immer noch gezögert. Nun hat er mir aber berichtet, daß es eine Vereinigung älterer Musiker im Rentenalter gibt, die diese Tatsache auch offen zugeben und sogar schon eine Schallplatte gemacht haben sollen. Ich möchte deshalb höflichst bei Ihnen, der Rentnerband, anfragen, ob Sie an einem ehemaligen Mandolienspieler interessiert sind? Ich habe viele Jahre Unterricht genossen bei einem erstklassigen pommerschen Privatlehrer, dessen Name mir leider entfallen ist. Sollt e in Ihrer Band momentan kein Platz für mich frei sein, so würde ich mich möglicherweise in finanzieller Hinsicht bei Ihnen stark engagieren, bis irgendwann ein Platz frei wird. Ihre Bandmitglieder dürften ja auch nicht mehr die Jüngsten sein sie verstehen.

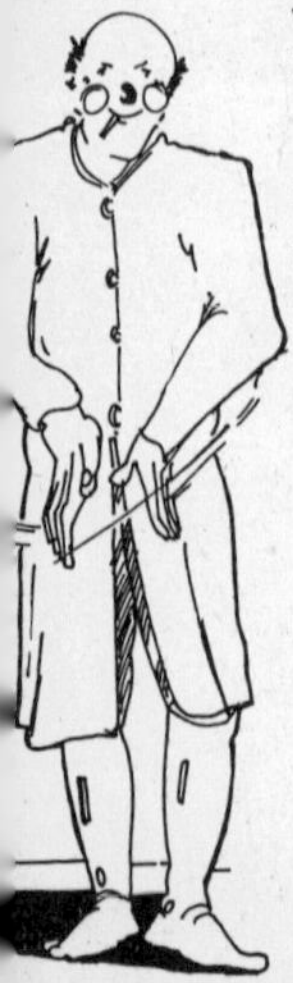

Hochachtungsvoll

(nach Diktat Ronald Geyer, Sekretär)

TROTZ MAHNSCHREIBEN UND GELBER KARTE KAM KEINE ANTWORT. GIBT ES DIE JUNGS NOCH?

Falls Ihr alt genug seid und selbst Musik macht – unten ist genug Platz.

An
Winfried Bornemann
Am Fillerschloß 47
4504 Georgsmarienhütte

Betr.: <u>Rentnerband</u>

IOANNES
FROBENI
VS SVIS
TYPIS
EXCV
DE-
BAT

HEISSE ADRESSEN FÜR NACHWUCHSBRIEFSCHREIBER
1. HEIMATVERDRÄNGTES LANDVOLK, AM GRASWEG 17, 3 HANOVER
2. PEGNESISCHER BLUMENORDEN, KAROLINENSTR. 38, 85 NÜRNBERG
3. KONVENT DER ZERSTREUTEN EVANGELISCHEN OSTKIRCHEN, EBHARDSTR. 2, 3 H
4. VERSÖHNUNGSBUND E.V., JOCHEN KLEPPERSTR 2082 UETERSEN
5. FREUNDESKREIS DER AKADEMIE FÜR WELTKULTUR, POSTFACH 1867, 65 MA
6. DEUTSCHER FRAUENBUND FÜR ALKOHOLFREIE KULTUR EV, BERGHOFSTR. 21, 58
7. DEUTSCHE SCHREBERJUGEND, PLATANENALLEE 37, 1 BERLIN 19
8. GROSSLOGE DER FREIEN UND ALTEN ANGENOMMENEN MAURER VON DEUTSC
9. FACHVERBAND DAMENHUT MEISSENSTR. 15, 5 KÖLN 1
10. FACHVEREINIGUNG SPRENGMITTEL KARLSTR. 21, 6 FRANKFURT 1
11. VERBAND FÜR AUSSERHAUSVERPFLEGUNG, SIESMAYERSTR. 15
12. AKAD. VERBINDUNG PATATO-SINAPIA IM MILTENBERGER RING, FRANKFURT 1
14. AKTIONSGEMEINSCHAFT GESCHÄDIGTER BERLIN INVESTOREN, KARL WILHELMSTR. 4, 75 KARLSRUHE
15. ARBEITSKREIS DER PANKREAKTOMIERTEN E.V. VIRCHOWSTR. 1-3
17. BUNDESVERBAND FÜR EHEANBAHNUNG, AM HOHEN SAND 67, 8441 LAPPERSDORF
16. VERBAND DER DEUTSCHEN TALG UND SCHMALZINDUSTRIE, MARKT 9, 53 BONN 1
13. AKTION KLARTEXT-GLEICHSTELLUNG D. FRAUEN IN DEN MEDIEN
PUNK MACHT KRANK!!!
DIE ZÖPFE STEHN DIR GUT!!!
Jeder für sich - Gott gegen alle
Daß Bully Buhlan im Singen, sind wir im Blasen!
Pit - raus aus'm knast!
No future for
ICH FLIEGE AUF MÜCKEN.
Nieder mit dem Frauen-Fuck
klaus J. Arndt grüßt Henry Miller. (Der Teufel sei ihm gnädig)
BRIGITTE 8-9-5
BIEDERMANN STAGER SCHLEY KOMMT DOCH MAL VORBEI

Arthur,
laß den Klecks ruhig stehen. Der is stark!!
Andre Länder - andre
Wo ist Bhaghwan
Ich hätte diese Wand gern schlüpfriger
Reggae gegen Reagen
ICH BESORGS EUCH
RUDI RATLOS
MICHAEL HAHN GRÜßT EUCH:
Hi-Hick-Hicky!
FACHVERBAND DER FRIESISCHEN AKTIONATOREN
ALTER POSTWEG 8, 2919 UPLENGEN REMELS
Komme gleich wieder Godot
Fertig
Rolf Lüke soll's immer noch gut vortragen.
Arthur zeichnet wie Schwein
KAISERSTR. FRANKFURT 1
WANTED
HILFE
Jeder für sich - Gott gegen alle!
URINTEST
SHIT !?
Lich un Luf gib Saf un Kraf
Punk
Junge sei schlauer, geh nich zu Chris-iane Bauer
DEUTSCHE FUSSGÄNGER LIGA
KÖRTESTR 16, 1 BERLIN 61
STELLT EUCH VOR ES IS KRIEG UND KEINER GEHT HIN!!
ELLI PIRELLI
ARTSCAPE - KUNST DER 90-er Jahre
W. Bornemann grüßt Flakenholz
ERICA ZURÜCK INNE HEIDE
STANDORT HAUPTTEST
LETZTE LEERUNG
15 Uhr
19. DEUTSCHER SCHROTTVERBAND, NEUMARKT 12-14, 5 KÖLN 1

Winfried B o r n e m a n n

4504 Georgsmarienhütten den 18.2.81

Am Fillerschloß 47

Geschäftsleitung

F. Falk Nudelwerke

3370 SEESEN /H ARZ

27

Betr.: Betriebsnudeln

Sehr geehrte Damen und Herren,

ich gelte in unserer Familie als sehr nudelfreundlicher Mensch: ob Zöpfli, Eier - Spirali, Makkaroni, ich mag sie alle. Ich bringe es sogar fertig und serviere Spaghetti, wenn meine Tante Lisbeth zu Besuch kommt, die in Fachkreisen die First Lady der Kalten Küche genannt wird. Die Nudeln der Buchstabensuppe beispielsweise werden vor dem Kochen von meinen Söhnen zu langen und interessanten Sätzen zusammengelegt. Nudeln bis ich abwinke, heißt folglich meine Devise.

Wir hatten kürzlich einen Gast, dem ich im Anschluß an ein opulentes Zöpfligericht meine Nudelleidenschaft anvertraute. Er meinte, daß der absolute Nudelgipfel die Betriebsnudeln seien.

Am anderen Tage habe ich sofort versucht, diese bei unserem Kaufmann zu bekommen. Statt der gewünschten Nudeln bekam ich nur ein ironisches Lächeln, das einem richtig ins Tomatenmark ging. Ich weiß bis heute nicht, was er damit sagen wollte. Deshalb meine Frage an den Experten:

Gibt es die besagten Betriebsnudeln überhaupt schon auf dem Markt? Wo sind sie zu bekommen? Bitte fügen Sie ggf. einen Händlernachweis bei. Ich m u ß sie haben.

Mit etwas Ketchup im Sinn grüßt

Winfried Bornemann

Winfried B o r n e m a n n

4504 Georgsmarienhütte, den 16.4.81

Am Fillerschloß 47

Geschäftsleitung

F. Falk GmbH

3370 SEESEN / HARZ

Betr.: Betriebsnudeln - Mein Brief vom 18.2.81

Sehr geehrte Herren,

heute haben wir Ostern. Vor fast genau zwei Monaten schrieb ich Ihnen einen Brief, in dem Sie ein paar nudelartige Fragen vorgelegt bekamen. Bis heute hat sich nichts bei Ihnen gerührt, obwohl ich doch davon ausgehen kann, daß Sie eigens einen Mann bzw. eine Frau dafür abgestellt haben, wichtige Fragen aus dem engeren Kundenkreis zu beantworten. Sie kennen doch sicher die alte Kaufmannsregel: Verliert man erst einen Kunden, verliert man morger die ganze Welt. Wollen Sie das?
Falls mein Brief in irgendeinem toten Firmenbriefkasten gelandet sein sollte, habe ich noch einmal eine von mir beglaubigte Kopie beigelegt.

Mit freundlichen Grüßen

Winfried Bornemann

P.S. Falls Sie auf meinen Brief nicht umgehend antworten, drohe ich Ihrer Firma einen großen Nudelauflauf im Juni an. Was? Sie lachen sich nudelig?
Da fällt mir auf: die Zöpfli stehen Ihnen gut.

NUDELAUFLAUF

Sonnen-Bassermann-Werke
Sieburg & Pförtner
GmbH & Co. KG

Hauptverwaltung

Sonnen Bassermann

Nahrungsmittelwerke
feinster Konserven, Teigwaren,
Fertiggerichte und Konfitüren
in Seesen und Schwetzingen

Sonnen-Bassermann-Werke · Postfach 1086 · 3370 Seesen/Harz

3370 Seesen/Harz
Harzstraße 10 · Postfach 1086

Telefon: (05381) *71-1 (71-0)
Fernschreiber: 957330 und 957420
bbn: 40 00247 7

Deutsche Bank AG Seesen (BLZ 268 700 32) 36 02 000
Norddeutsche Landesbank, Seesen
(BLZ 278 537 21) 21 231 196
Volksbank Seesen eG (BLZ 278 937 60) 33006
Landeszentralbank Braunschweig 270 074 47
Postscheckkonto Hannover Nr. 1833-305

Herrn
Winfried Bornemann
Am Fillerschloß 47

4504 Georgsmarienhütte

Ihre Zeichen	Ihre Nachricht vom	Unsere Zeichen	Durchwahl-Nr.	Abteilung / Datum
		bk-ho	(0 53 81) 71- 224	Geschäftsführung 23. April 1981

Sehr geehrter Herr B o r n e m a n n ,

wir haben soeben Ihr Schreiben vom 16.4. erhalten und möchten Ihnen hierauf sofort antworten.

Wir dürfen voranstellen, daß wir immer sehr darauf bedacht sind, alle Anfragen unserer verehrten Kunden auch und besonders aus dem Verbraucherkreis prompt zu erledigen. Dies betrachten wir als eine Höflichkeit, die für uns gleichzeitig Verpflichtung ist, die wir gern erfüllen.

Wir dürfen zuerst erwähnen, daß die von Ihnen angeschriebene Firma F.FALK ein Tochterunternehmen unseres Stammhauses ist. Demzufolge bearbeiten wir auch die diesbezüglich eingehende Post mit in unserer hiesigen Hauptverwaltung.

Zu Ihrem Schreiben vom 18.2.1981, das Sie mit Ihrem jetzigen Brief in Erinnerung bringen, müssen wir Ihnen antworten, daß dieses nicht bei uns vorliegt. Wir bedauern dieses sehr, können uns aber nur vorstellen, daß ein Verlust auf dem Postwege entstanden ist.

Immerhin haben wir auch heute sehr gern von Ihrem diesbezüglich ersten Schreiben Kenntnis genommen. Wir konnten uns hierbei eines freundlichen Schmunzelns nicht erwehren und freuen uns, mit welcher Leidenschaft Sie ein "Nudel-Fan" sind. Sie werden es deshalb auch richtig verstehen, wenn wir gerade solche Verbraucher besonders zu schätzen wissen, denn was für Sie Leidenschaft ist, bedeutet für uns den nun einmal wichtigen Umsatz !

Allerdings, und das bedauern wir sehr, können wir Ihnen "eßbare Betriebsnudeln" nicht anbieten. Wir vermuten vielmehr, daß Ihr freundlicher Gast Ihnen hiermit einen wohlgemeinten Spaß und damit verbunden wohl auch ein Rätsel aufgeben wollte. Denn nach unserem Wissen und unserem auch hier bekannten Sprachgebrauch versteht man unter "Betriebsnudeln" besonders lustige und sehr positiv auffallende Menschen, die in einem Betrieb -selbstverständlich neben ihrer Arbeit- ständig für gute Laune sorgen. Diese können natürlich und vielleicht vorwiegend weiblicher Natur sein und somit auch noch ein besonders attraktives Aussehen haben oder besser Ansehen besitzen !

...

Blatt 2 zum Schreiben vom 23.4.1981 an Herrn Bornemann, Georgsmarienhütte

Nun, wie dem auch sei, auch Sie kennen bestimmt den schon zum Sprichwort gewordenen Werbespruch: "Nudeln machen glücklich". Warum sollen dann nicht auch "Betriebsnudeln" glücklich machen können !

Damit aber Sie, sehr geehrter Herr Bornemann, auch weiterhin ein so freundlicher und bestimmt auch immer zum Scherzen aufgelegter Mensch bleiben, sollten Sie Ihre selbst beschriebene Nudelleidenschaft auch weiter voll und ständig praktizieren. Wir möchten meinen, daß wir Ihnen mit unseren vielen Qualitäten und Sorten immer Abwechslung bieten können, die in Verbindung mit Ihrer höheren Kochkunst zum ständigen Genuß für Augen, Mund und Seele werden.

Nur, und das werden Sie uns nicht verübeln, wenn wir bei dieser kulinarischen Betrachtungsweise besonders auf unsere Marken-Frisch-Ei-Nudeln abheben möchten. Dieses deshalb, da Sie in Ihrem Brief von einem "Zöpfli-Gericht" sprechen, einer bekannten Nudelausformung, die unter dieser Bezeichnung einer unserer Wettbewerber herausstellt. Aber selbstverständlich können Sie diese Nudelausformung auch von uns unter "Röllchen" kaufen. Wir würden uns freuen, wenn Sie auch diesen Versuch mal wagen würden !

Damit wünschen wir Ihnen einen weiterhin guten "Nudel-Appetit" und hoffen sehr, daß Sie auch immer unser hochgeschätzter Verbraucherkunde bleiben.

Mit freundlichen Grüßen

Sonnen-Bassermann-Werke
Sieburg & Pförtner
GmbH & Co. KG

ppa.

Bastek ~~J. Wadsack~~

Lange, kurze, dünne, dicke, runde, viereckige

Winfried B o r n e m a n n 4504 Georgsmarienhütte, den 17.5.81

Am Fillerschloß 47

Geschäftsleitung
STIFTUNG WARENTEST
Lützowplatz 11-13
1000 BERLIN 30

Betr.: Test von Reißzwecken und Büroklammern

Sehr geehrte Herren,

ich bin seit Jahren ein zufriedener Leser Ihrer Zeitschrift und tätige fast keinen Einkauf ohne Ihren Testkompaß. Es ist mir allerdings aufgefallen, daß Sie eine Vorliebe für die großen Dinge des Lebens haben, ob es der Fernseher oder die Waschmaschine ist. Ich vermisse die Tests von Kleinigkeiten, die jeder Mensch täglich in der Hand hat. So habe ich neulich wieder kräftig geflucht, als ich mit Hilfe von ein paar weißköpfigen Reißzwecken ein Bild auf einer Holzwand festhalten wollte. Sieben krumme Zwecken waren das Ergebnis. Ein Hut brach ab und riß mir den Finger auf, wodurch ich erstmals den Namen "Reißzwecke" begriff. Ich wollte eigentlich einen wütenden Brief an den Hersteller schreiben, bis ich bemerkte, daß weder die Schachtel noch die Zwecken selber den Herstellernamen tragen. Nun gut, die Narbe ist inzwischen verheilt. Dennoch: Ist es überhaupt erlaubt, daß Dinge anonym produziert werden? Wann endlich kommt Ihr Reißzweckentest und das strafende "mangelhaft"?
Kann ich damit rechnen, daß auch mal in nächster Zeit ein Test von Büroklammern in Ihrem Heft zu finden ist.? Gerade die Büroklammern... aber wem sage ich das.

Mit freundlichem Gruß

28

STIFTUNG WARENTEST
test

STIFTUNG WARENTEST · Lützowplatz 11/13 · 1000 Berlin 30

Herrn
Winfried Bornemann
Am Fillerschloß 47

4504 Georgsmarienhütte

Lützowplatz 11/13 · 1000 Berlin 30
Postfach 4141
Telefon (030) 2631 - 1
Telex 183588 stiwa d
Beratungsdienst (030) 216 70 11
Berliner Commerzbank AG
Konto Nr. 87 00999 00 (BLZ 100 400 00)
Postscheckkonto Berlin West 306 02-100
(BLZ 100 100 10)

I/Z	I/N	U/Z	Durchwahl-Nr.	Datum
	17.5.1981	dr.mo-pa	26 31 - 260/1	3. Juni 1981

Sehr geehrter Herr Bornemann,

ich bedauere es außerordentlich, Ihnen als langjährigem Leser unserer Zeitschrift keine zufriedenstellende Antwort geben zu können; voraussichtlich werden wir weder Reißzwecken noch Büroklammern in der nächsten Zeit testen. Die Gründe für die Auswahl technisch komplizierter und oftmals hochpreisiger Geräte sind vielfältig. Insbesondere glauben wir, daß die Verbraucher Warentestinformationen hauptsächlich bei Produkten benötigen, bei denen sie subjektive Kaufrisiken empfinden und bei deren Anschaffung eine Fehlentscheidung langfristige Konsequenzen hat. Bei Ihren beiden Beispielen kann doch eine schlechte Produktwahl ohne großen Aufwand durch eine andere Produktalternative korrigiert werden; so ärgerlich Ihr spezielles Erlebnis mit den Reißzwecken war, so sehr glauben wir nach wie vor auch aus vielfältigen Marktforschungsuntersuchungen, daß die überwiegende Mehrzahl der Leser eher an dem Ihnen bekannten Produktspektrum interessiert ist.

Mit freundlichen Grüßen
STIFTUNG WARENTEST
-Planung und Analyse-

(Dr.C.-H.Moritz)

Mündlich bzw. telefonisch erteilte Auskünfte erkennt die Stiftung Warentest nicht als rechtsverbindlich an und übernimmt dafür keine Haftung.
(Vorsitzende des Verwaltungsrats: Lucie Kurlbaum-Beyer; Vorstand: Dr.-Ing. Roland Hüttenrauch; Vorsitzende des Kuratoriums: Irmgard von Meibom)

Winfried Bornemann

4504 Georgsmarienhütte, dem 15.2.81

Am Fillerschloß 47

Geschäftsleitung

[redacted]

Betr.: [redacted]

Sehr geehrte Damen und Herren,

ich weiß nicht genau, ob ich mit meinem Anliegen bei Ihnen an der richtigen Adresse bin. Dem Etikett der Flasche entnehme ich aber, daß Sie der Importeur sind. Nun denn. Jetzt mein Problem.

Wir hatten wieder einmal eine gemütliche Familienfeier. Selbst mein greiser Onkel Rolf Lüke war eigens aus einem Altenstift in der Nähe von Hamburg angereist. Nachdem dieser schon einen großen Teil seiner Kriegserlebnisse erzählt hatte, verlangte er nach einem guten Likör. Das ist bei ihm ein bekanntes Ritual, bevor er die Geschichte mit Kaiser Wilhelm erzählt, den er angeblich in Berlin vom Balkon aus gesehen haben will. Ich hole also eine brand- und nagelneue Flasche [redacted] aus dem Schrank. Nichtsahnend löse ich den Schraubverschluß, als dieser unter lautem Zischen unter die Decke fliegt, wie ich es bis jetzt nur von Sektflaschen kenne. Alle schütten sich vor Lachen, nur mein Onkel Rolf gab sich ziemlich zugekorkt. Er hat es anschließend abgelehnt, Ihren Likör zu trinken, weil ihm die ganze Sache unheimlich vorkam. Da auch die Geschichte mit Kaiser Wilhelm aufs engste mit dem Likör verknüpft ist, hat er die natürlich auch nicht erzählt.

Wenn auch der Schaden nicht wieder gutzumachen ist, möchte ich dennoch mal bei Ihnen anfragen, ob Ihnen seitens der Kundschaft schon mal ein solches Phänomen gemeldet wurde?

Haben Sie eine Erklärung dafür, die ich auch meinem besorgten Onkel mitteilen kann?

Mit einem kritischen Prost

Winfried Bornemann

29

[redacted]

[redacted]

Herrn
Winfried Bornemann
Am Fillerschloß 47

4504 Georgsmarienhütte

[redacted] 18. Februar 1981
Marketing /uf

Sehr geehrter Herr Bornemann,

vielen Dank für Ihr Schreiben vom 15.02.1981, in dem Sie uns über eine nicht einwandfreie Flasche [redacted] berichteten.

Wir bedauern sehr, daß Ihre Familie dadurch um den Höhepunkt Ihres Zusammenseins mit Onkel Rolf, der Geschichte von Kaiser Wilhelm, gekommen ist.

Seitens unserer Kundschaft wurde uns bis heute ein ähnlicher Fall nicht gemeldet. Da wir uns den Druck in dieser Flasche [redacted] nicht erklären können, haben wir der Hauptverwaltung von [redacted] in [redacted] Anweisungen gegeben, diese Angelegenheit im Herstellungsbetrieb in [redacted] zu klären.

Ihrem Briefstil können wir entnehmen, daß Sie trotz alledem diesen Vorfall nicht zu ernst genommen haben und wir haben uns sehr gefreut, daß Sie uns davon unterrichteten. Als kleines Trostpflaster senden wir Ihnen eine Flasche [redacted] (ohne champagnerähnlichem Charakter), die Ihnen in den nächsten Tagen mit separater Post zugehen wird.

Mit freundlichen Grüßen

[redacted]

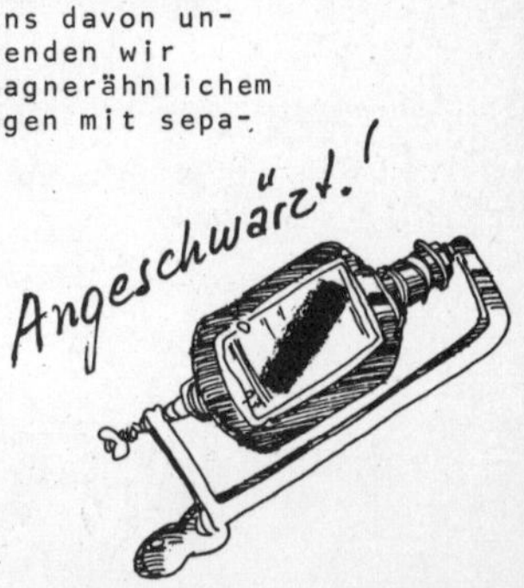

[redacted]

Winfried Bornemann

45o4 Georgsmarienhütte, den 25.2.81

Am Fillerschloß 47

Geschäftsleitung
P. Folk
Werner Hilpert Str. 17
35 KASSEL

30

Betr.: <u>Hausfrauenkredit</u>

Sehr geehrter Herr Folk,

in einer großen Illustrierten, deren Name mir entfallen ist, fand ich Ihre Anzeige bezüglich des Hausfrauenkredits. Nun werden Sie schon an meinem Vornamen erkannt haben, daß es sich bei mir nicht um eine lupenreine Hausfrau handelt, sondern um einen Hausmann. Das wird Sie aber sicherlich nicht stören. Es kommt ja jetzt schon in den besten Familien vor, daß sich Männer mit Eifer und Hingabe auf die anfallenden Aufgaben im Haushalt stürzen. Ich gehöre dazu, was ich sogar mit einem gewissen Stolz berichte. Da meine Frau berufstätig ist, versteht es sich von selbst, daß ich mein Haushaltsgeld zugeteilt bekomme, mit dem ich aber oftmals nicht auskomme. Trotz größter Sparmaßnahmen (viel Eintopf und kaum gute Butter) bin ich meist schon in der Mitte des Monats blank. Ich möchte nun einen neuen Staubsauger anschaffen, dasder alte eine Loch im Zuführschlauch hat und sich somit der Staub zentrifugal im Zimmer verteilt. Dazu benötige ich einen Kredit in Höhe von 2oo DM. Bitte teilen Sie mir Ihre Bedingungen mit. Bitte schreiben Sie mir auch, ob ich Teile des Kredits auch in Briefmarken abdrücken kann. Ich habe da nämlich Beziehungen, da mein Schwager bei der Post arbeitet. Ich erwarte Ihr Angebot.

Hochachtungsvoll

Winfried Bornemann

Peter **F-O-I-K** GmbH
Kapitalvermittlungsgesellschaft

Peter FOIK · Werner-Hilpert-Straße 17 · 3500 Kassel

Herrn
Winfried Bornemann
Am Fillerschloß 47

4504 Georgsmarienhütte

WERNER-HILPERT-STRASSE 17
3500 KASSEL

Telefon 0561 / 18632 und 18633
Telex Foiks d 992568

r 24 04 81

Sehr geehrter Herr Bornemann!

Wir nehmen Bezug auf Ihre Kreditantrag und müssen Ihnen leider mitteilen, daß wir Hausmänner z. Zt. nicht finanzieren können.

Wir bedauern, Ihnen keinen anderen Bescheid geben zu können und verbleiben

mit freundlichen Grüßen

Peter F O I K GmbH
i.A.

FINANZIERUNGEN ALLER ART – HYPOTHEKEN – BEAMTENDARLEHEN

1.3.81

Winfried Bornemann
Fillerschloss

31

Geschäftsleitung
Fa. Overmann
Abt. 178 R
7519 STEBBACH

Betr.: <u>LEIHGARAGEN</u>

Sehr geehrte Herren,

anläßlich der Feierlichkeiten zu meinem siebzigsten Geburtstag erwarte ich eine große Zahl von Gästen aus dem In -und Ausland. Einige meiner alten Freunde werden anschließend noch einige Wochen bei mir bleiben. Sie haben deshalb bei mir angefragt, ob wohl genügend Garagen zur Verfügung stehen. Nun muß ich sagen, daß auf meinem Anwesen sicherlich mehr als zwölf Garagen zu finden sind, die allerdings alle besetzt sind. Ich möchte eigentlich keine weiteren Garagen errichten, da mein Gartengestalter aus optischen Erwägungen heraus mir davon abgeraten hat. Andererseits kann ich auch meine Freunde verstehen, die wegen der zum Teil äußerst wertvollen Karosserien großen Wert auf eine Unterstellmöglichkeit legen. Aus diesem Grunde möchte ich höflichst bei Ihnen anfragen, ob Sie eine Möglichkeit sehen, für die Dauer der Festlichkeiten (ca. zwei Wochen) mir fünf Garagen zu leihen, bzw. zu leasen. Eine Empfehlung an meine Freunde wäre ebenfalls mit Ihrem Entgegenkommen verbunden. Bitte teilen Sie mir umgehend mit, ob Sie an einem solchen Auftrag interessiert sind. Für einen sehr groben Kostenvoranschlag wäre ich Ihnen sehr verbunden.

Hochachtungsvoll

Winfried Bornemann

Winfried Bornemann - Fillerschloss - 4504 Georgsmarienhütte - Tel.: 05401/31379
Bis zur Beantwortung bleibt der Brief mein Eigentum - Gerichtsstand Osnabrück

OVERMANN

Oskar Overmann GmbH & Co · Lange Straße · 6920 Sinsheim · Telefon 07261/64711

Overmann · 6920 Sinsheim

Herrn
Winfried Bornemann
Fillerschloß

4504 Georgsmarienhütte

Datum 5.3.81 Ref. HL/Du

Betr. Leihgaragen

Sehr geehrte Herren,

ich teile Ihnen mit, daß die Mietung von 5 Stück Garagen möglich ist. Dabei fallen jedoch folgende Kosten an:

Die Garage ist einmal zu montieren und zu demontieren zu jeweils DM 390.- und für die Überlassung müssen wir Ihnen nochmals DM 200.- berechnen, sodaß sich die Kosten auf DM 900.- pro Garage belaufen x 5 = 4 500.- DM einschließlich Mehrwertsteuer.

Auf der anderen Seite könnten Sie von der neuen Europa-Garage eine 5-er Box Type E 11 zum Preis von DM 11 870.- kaufen oder zum Preis von DM 237.- pro Monat leasen. Wenn Sie die Garagen vermieten zu DM 48.- pro Garage im Monat, arbeiten Sie genau kostendeckend und nach sieben Jahren gehören die Garagen voll Ihnen.
Aus diesem Grunde erhalten Sie in der Anlage einen kompletten Overmann Katalog und bitten um Mitteilung wie Sie sich entscheiden.

Mit freundlichen Grüßen

Oskar Overmann GmbH & Co.

Anlage: Garagenkatalog

eingetragen Amtsgericht Heidelberg · HRA Sinsheim · HRB Sinsheim · Sitz Sinsheim · Geschäftsführer H. Letzerich

Winfried Bornemann

4504 Georgsmarienhütte, den 18.1.81
Am Fillerschloß 47

Geschäftsleitung
[redacted]
Postfach
[redacted]

32

Betr.: Kartoffelpuffer [redacted]

Sehr geehrte Damen und Herren,
um es gleich vorweg zu sagen! Ich bin schon seit Jahren ein Verfechter der schnellen Küche, bzw. der Beutelverpflegung. So wundert es nicht, daß ich immer einige Produkte Ihres Hauses griffbereit im Schrank habe, falls ich nach dem Schluß des Fernsehprogramms noch "Kohldampf" kriege.
Tüte auf, Wasser drauf, Pfanne heiß, Masse einfüllen, noch kurz Austreten, fertig sind beispielsweise die Kartoffelpuffer. Flockig und cross. Nun mein Problem: Neulich ist in meiner heimischen Bratpfanne ein Wunder heiß geworden. Aus dem korrekt angerührten Pulver (Beamter) für Kartoffelpuffer formten sich in der Teflonpfanne plötzlich zwei KROKETTEN. Mit allem Drum und Dran. Der nächste Durchgang ergab wieder astreine Kartoffelpuffer. Weil ich keinen auf der Pfanne habe und auch nicht an Wunder glaube, möchte ich bei Ihnen als dem Erzeuger anfragen, ob Ihnen von seiten der Kundschaft oder aus den eigenen Labors jemals ein solcher Vorfall gemeldet wurde. Ich bin ganz schön verunsichert.

Mit freundlichem Gruß

P.S. Leider kann ich das corpus delicti nicht beilegen, weil ich es dem Hund gegeben habe aus Gründen der Vorsicht.

4504 Ge

Ihre Nachricht vom	Unsere Zeichen	Telefon-Nebenstelle	Tag
18.1.81	H/LEB LR	501- 273	29. 1. 1981

Kartoffelpuffer

Sehr geehrter Herr Bornemann,

besten Dank für Ihr freundliches Schreiben vom 18. 1. 1981. Über den humorigen und "fein gewürzten" Stil haben wir uns amüsiert.

Nach Literaturangaben sind Kroketten unterschiedlich, meist länglich geformte Zubereitungen aus Kartoffelteig und in Fett ausgebacken.

Als Erstem ist es Ihnen gelungen, Kartoffelpuffer in "Kroketten" zu verwandeln. Ein derartiger Fall ist uns bis zu Ihrer Mitteilung noch niemals bekannt geworden. Uns selbst gelang es auch nicht, unter extremen Temperatur- und Versuchsbedingungen die Herstellung von Kroketten aus unserem Kartoffelpuffer-Trockenprodukt nachzuvollziehen. Wir müssen daher annehmen, daß Ihr Meisterwerk ein einmaliger "Ausreißer" war.

/2

Mit Sicherheit brauchen Sie aber über den Krokettenfall nicht verunsichert zu sein, zumal auch Ihrem Hund die Kroketten lt. Ihrem Brief gut bekommen sind.

Für entsprechende Übungszwecke haben wir uns erlaubt, Ihnen einige Päckchen [redacted] Kartoffelpuffer mit separater Post zu übersenden. Wir wünschen Ihnen guten Appetit.

Mit freur Grüßen

C. H. H

[redacted]

Diese Bilder kennt nicht einmal Prinz Charles

60
EUROPA
„Und
scheißt mir?"
Arthur kleckert immer!!

Winfried B o r n e m a n n

4504 Georgsmarienhütte, den 28.1.81

Am Fillerschloß 47

Geschäftsleitung

Fa. HENKEL (DUFIX Spachtelmasse)

Postfach

6000 DÜSSELDORF

Betr.: DUFIX Spachtelmasse

Sehr geehrte Herren,

ich arbeite hauptsächlich an der frischen Luft. Somit versteht es sich von selbst, daß ich einen hohen Butterbrotverbrauch am Tag habe. So schlappe zwölf Scheiben sind zum Leidwesen meiner Frau die Tagesordnung. In der letzten Woche ist es dann passiert. Ich hatte verschlafen, mein Kumpel hupt vor der Tür. Ich springe aus der Koje und packe noch im Laufschritt die sechs Scheiben Brot ein, die meine Frau bis dahin nur geschafft hatte.

Der Tag beginnt mit harter und schwieriger Arbeit. Bei der Frühstückspause um neun Uhr ziehe ich mir die ersten vier Scheiben rein. Um elf Uhr meldet sich schon wieder Gevatter Kohldampf. Mittags ist Sense in meinem Brotkasten. Ich schicke unseren Stift Paul los, damit er was zu spachteln holt. Er kommt an mit einem Paket Spachtelmasse Ihrer Firma. Ich lese nur kurz die Beschreibung: mit Wasser anrühren!! Schon wird die Spachtelmasse zum Munde geführt....Schmeckt nach nichts hin, denke ich. Die Arbeitskollegen schmunzeln. Ein wenig hatte ich mir noch für den Feierabend aufgehoben, so zum Bierchen.

Später hat man mich aufgeklärt. Ich konnte gar nicht darüber lachen.

Seitdem habe ich ein höllisches Sodbrennen. Außerdem ist mein Magen wie verklebt. Ich verputze höchstens noch sechs Scheiben. Meine Frau freut sich, ich fühle mich unwohl. Ich meine, Sie haben einen großen Teil Schuld an meinem jetzigen Zustand. Wie kann man einem Produkt nur einen solchen mißverständlichen Namen geben? Kennen Sie ein Mittel, das die Verklebungen im Magen aufhebt? Und schließlich: Sind Sie versichert, falls ich einen bleibenden Schaden davontrage?

Mit hungrigen Grüßen

Winfried Bornemann

Henkel

HENKEL

KOMMANDITGESELLSCHAFT AUF AKTIEN

Henkel KGaA Postfach 1100 D-4000 Düsseldorf 1

Henkelstraße 67
Düsseldorf-Holthausen
Telefon (0211) 797-1
Telex Düsseldorf 085817-0
Telegramme henkel düsseldorf

Deutsche Bank AG, Düsseldorf
Konto 2 272 409 (BLZ 300 700 10)
Dresdner Bank AG, Düsseldorf
Konto 2 114 562 (BLZ 300 800 00)
Postscheckkonto Köln 24 14-5 08

Herrn
Winfried Bornemann
Am Fillerschloß 47

45o4 Georgsmarienhütte 47

Ihre Nachricht/Zeichen	Unsere Abteilung/Zeichen	Telefon (Direktwahl)	Telex (Direktwahl) Datum
	Dr.Do/m	797 3951	11.3.81

Sehr geehrter Herr Bornemann,

vielen Dank für Ihren Brief zum Thema "DUFIX-Spachtelmasse". Es tut uns außerordentlich leid für Sie, daß Ihr Heißhunger Sie buchstäblich blind gemacht hat. So sind Ihnen all die nützlichen Hinweise auf der Packung entgangen, in denen ausführlich dargestellt ist, wozu das Produkt benutzt werden soll und was man damit erreichen kann. Von der Stillung des Hungergefühls ist allerdings dort nicht die Rede.

Sollten die Schmerzen nicht nachlassen, würden wir Ihnen empfehlen, einen Arzt aufzusuchen; wir sind aber ziemlich sicher, daß einige Bierchen das Übel auch beseitigen würden.

Ihr Problem scheint darin zu bestehen, daß Sie Wörter mit Doppelbedeutung nur in einer Richtung auslegen. Da es solche Wörter aber öfter gibt, ist es sicher für Sie wichtig zu lernen, bei einer Doppelbedeutung den richtigen Sinn herauszufinden. Spachtelmasse ist ein durchaus gebräuchlicher Fachausdruck und weist ganz klar auf diesen Verwendungszweck hin. Außerdem gibt es das Produkt nicht in den Regalen, in denen Lebensmittel angeboten werden, zu kaufen.

Wir hoffen, daß Sie sich inzwischen von dem Genuß von Dufix erholt haben.

Mit freundlichen Grüßen

HENKEL KGaA

von Briskorn Dr. M. Dohr

Aufsichtsratsvorsitzender:
Dr. Konrad Henkel

Zentralgeschäftsführung: Dr. Helmut Sihler (Vorsitzender), Dr. Bruno Werdelmann, Dr. Hans-Otto Wieschermann als persönlich haftende Gesellschafter, Dr. Dieter H. Ambros, Walter Harich, Dr. Dieter Schlemmer, Dr. Stefan Schulz-Dornburg, Dr. Horst Sommer

Handelsregister:
AG Düsseldorf HRB 4724

Sitz: Düsseldorf

Winfried Bornemann

4504 Georgsmarienhütte, den 18.6.81

Am Fillerschloß 47

Stiftung Spazierengehen e.V.
Herrn Präsidenten Carlo von Opel
Postfach 10
6719 WEISENHEIM

Betr.: Spazierstock oder nicht ?

Sehr geehrter Herr von Opel,

es gibt viele löbliche Einrichtungen, die im Volke viel zu wenig bekannt sind. So dachte ich, als mir ein Freund Ihre Adresse zusteckte. Sonst hätte ich Ihren fachmännische Rat schon lange eingeholt. Worum geht es?
Als passionierter Spaziergänger bei Wind und Wetter habe ich mir unlängst einen Spazierstock zugelegt. Einen hölzernen Kameraden, der die fehlende Begleitung ersetzt. Außerdem ist seine metallene Spitze im Ernstfall auch geeignet, meine Brieftasche zu sichern. Man liest ja so viel von Spitzbuben, die Böses im Sinn haben.
Der oben genannte Freund, eher als Radfahrer zu bezeichnen, behauptet nun, daß ein längerer Gang mit dem Spazierstock Probleme mit der Wirbelsäule heraufbeschwört. Das ständige Abstützen soll auf Dauer eine Verkrümmung der Wirbelsäule nach sich ziehen. Ich habe da schon etwas vorgebeugt, indem ich den Stock auch mal in die andere Hand nehme.
Ihre Organisation hat ja sicher oft mit solchen Problemen zu tun, vielleicht haben Sie auch schon eine Spazierstockbroschüre herausgebracht. Ich bin gespannt auf Ihr Gutachten.

Mit besten Grüßen
Winfried Bornemann

34.

„Stiftung Spazierengehen" e.V.

Stiftung Spazierengehen e. V. · Postf. 10 · 6719 Weisenheim am Berg

STIFTUNG SPAZIERENGEHEN e.V. 6719 WEISENHEIM AM BERG

Herrn
Winfried Bornemann
Am Fillerschloß 47

4504 Georgsmarienhütte

6719 Weisenheim am Berg

Telefon 06353/8409

25. Juni 1981 eh

Sehr geehrter Herr Bornemann,

mit bestem Dank erhielten wir Ihr Schreiben vom 18.ds.Mts. und haben mit Freude gelesen, daß Sie zu den passionierten Spaziergängern gehören. Schade, daß Sie nicht schon früher von uns hörten, sonst hätten Sie sicherlich schon eine ganze Sammlung 'GOLDENER SCHUHE' in Ihrem Besitz. Aber es ist niemals zu spät für einen Neubeginn, und so übersenden wir Ihnen heute mit unserem Brief ein Kontrollheft, in das Sie künftig Ihre Spazierstunden eintragen können. Viel Spaß auf dem Weg zum ersten 'GOLDENEN SCHUH'!

Was nun Ihre eigentliche Anfrage betrifft, so müssen wir Ihnen mitteilen, daß wir wegen evtl. Schädigung der Wirbelsäule durch das Benutzen eines Spazierstockes noch niemals gehört haben. In der Regel stützt man sich ja nur dann wirklich fest auf, wenn man bergan oder auch bergab schreitet, nicht aber auf gerade Strecken, es sei denn, man ist gehbehindert.

Wenn Sie dieses Problem aber mit absoluter Sicherheit geklärt wissen möchten, so empfehlen wir Ihnen, den Rat eines Sportmediziners einzuholen. Ist Ihnen in der Nähe niemand bekannt, so könnten Sie sich auch* die Deutsche Sporthochschule, 5000 Köln-Müngersdorf, Carl-Diem-Weg wenden, wo man Ihnen sicher Auskunft geben kann und wird.

* an

Wir hoffen, Ihnen mit diesen Angaben gedient zu haben und sind gespannt darauf, wann wir Ihnen den 1. GOLDENEN SCHUH verleihen können. Eine Eintragung könnte auch rückwirkend erfolgen.

Mit freundlichen Grüßen
Ihre
STIFTUNG SPAZIERENGEHEN EV
6719 Weisenheim am Berg

E. Eisheuer

Hier bitte Ihre Spazierstunden eintragen:

Datum	Stdn.	Min.	Datum	Stdn.	Min.	Datum	Stdn.	Min.

AKTION GOLDENER SCHUH

Sitz: 6710 Frankenthal
Hofgut Petersau

Geschäftsführender Vorstand:
Carlo von Opel, Siegfried Perrey, Elke Eisheuer, [illegible]

[Ko]nten: Postscheckkonto Frankfurt 261 440-609
Volksbank Bad Dürkheim 788 007 - BLZ 546 912

„Stiftung Spazierengehen“ e. V.

Gründer: Dr. Georg von Opel (1963)

4300 Essen 1, Am Wünnesberg 31 | 3012 Langenhagen 1, Postfach 1110 | 6719 Weisenheim am Berg, Postfach 10

AKTION GOLDENER SCHUH

— Bisher über 460000 Teilnehmer —

Dr. med. W. von Nathusius
»Fit sein« ist nicht Leistungssport sondern Wohlbefinden im Alltag!

Warum müssen wir spazierengehen?

Ohne Muskeltätigkeit können Atmung, Bewegungsapparat, Gehirn, Kreislauf, Stoffwechsel und das Zentralnervensystem nicht funktionieren.

Unser Gehirn verlangt für seine Ernährung 14% des von unserem Herzen geförderten Blutes und 20% des gesamten Sauerstoffverbrauches. Die Transportkanäle zu und in den Skelett- und Eingeweidemuskeln sind 100000 Kilometer (!) lang. Diese gewaltigen Leistungen erfordern kräftige und elastische Muskeln. Deshalb müssen wir sie in Bewegung halten ohne sie zu überfordern.

Spazierengehen ist notwendig. Unsere Stoffwechselfunktionen bedürfen der ***Wärme- und Energieproduktion in möglichst gleichmäßiger Form. Das ist durch den***

täglichen einstündigen Spaziergang

erreichbar, weil er nur die regelmäßige und gleichmäßige Bewegung aller Muskeln — und zwar des ganzen Körpers — garantiert. Beim Sitzen, bei leichten Arbeiten, beim Sport in jeder Form kommt es nie zu einer gleichmäßigen Bewegung der Muskeln. Übermäßige Muskelbeanspruchung steigert lediglich die Verbrennungsvorgänge. In der desamten *Stoffwechselbilanz* muß sie sich *nicht nützlich auswirken. Deshalb ist das Spazierengehen auch nicht ersetzbar.*

Spazierengehen ist lebenswichtig.

Täglich 2 x 30 Minuten (Hin- und Rückweg) zügig gehen, beansprucht fast ein Fünftel der gesamten Skelettmuskulatur. Die Lungen nehmen mehr Sauerstoff auf. Die Muskelfasern werden besser versorgt. Die feinen Haarblutgefäße bilden sehr bald ein viel dichteres Netz. ***Je mehr Arbeit es gibt, desto mehr Blutleitungen werden geöffnet.*** Die Leistungsfähigkeit des Gehirns hängt nicht zuletzt von seiner Sauerstoffversorgung ab. Daher kann *Spazierengehen* in jedem Alter die geistige Leistungsfähigkeit erhalten oder sogar wieder verbessern.

Bloßes Stillsitzen öffnet aber nur so viele Blutleitungen, wie die Muskeln zu ihrer Existenz benötigen. Das ist jedoch zu wenig! Deshalb:

Regelmäßig spazierengehen und zwar als Langzeitprogramm

Im Alter von 36 Jahren nahm der damals schon berühmte Johann Wolfgang von Goethe den Rat seines Arztes Dr. Hufeland an: *»Bewegung ist die beste Arznei!«* Er ging regelmäßig und wurde 83 Jahre alt. Folgen auch Sie seiner Einsicht und ***fangen Sie noch heute mit Spazierengehen an.*** Täglich eine Stunde ist biologisch mehr als einmal 5 Stunden in der Woche!

Am Anfang keine Gewaltmärsche unternehmen. Extreme Leistungen überfordern den Unangepaßten. Sie sind höchst gesundheitsschädlich! Empfehlenswert ist das Intervalltraining: Abwechselnd schnell (1 Minute lang) und langsam (2 Minuten lang) gehen. In die Strecke eingebaute Steigungen erzielen die gleiche Wirkung. Darüber hinaus sollte das *Spazierengehen* hinsichtlich seiner Intensität und Dauer ***nur langsam gesteigert werden.***

Freude und Gesundheit sind das Ergebnis.

1. Bessere Sauerstoffzufuhr steigert die Verbrennungsvorgänge, fördert den Stoffwechsel und erhält Ihre Intelligenz und Gehirnleistung. Statt müde und erschöpft zu sein, werden Sie wieder munter und ausdauernd.
2. Bessere Blutzirkulation führt zur Entspannung und Entkrampfung. Der Kreislauf wird wieder anpassungsfähig. Das hormonale und und zentrale Nervensystem bleiben länger leistungsfähig.
3. Eine gestärkte Haltungsmuskulatur von Rumpf und Rücken hält Sie frei von Verspannungen und Schmerzen.
4. Der Verdauungstrakt arbeitet wieder störungsfrei. Sie brauchen keine Tabletten.
5. Sie sind bald wieder ausgeglichen und frei von Affekten.

Kurz: Sie haben Grund zur Freude wegen der bewiesenenWillensstärke, wegen der vollbrachten Leistung und nicht zuletzt wegen der damit verbundenen Belohnung

dem »Goldenen Schuh«

Freude weckt Begeisterung. Begeisterung reißt Ihre Umgebung mit. Sie sind zum guten Beispiel geworden. Welch ein Weg!

Mit freundlichen Grüßen
Ihre »Stiftung Spazierengehen« e. V.

Unsere Stiftung ist mit Bescheid des Finanzamtes Frankenthal/Pfalz als **GEMEINNÜTZIG** im Sinne des § 4 Absatz 1 Ziffer 6 KStG anerkannt.

GEHIRNFREIE DIENSTMÜTZE
DIE BRIEFTRÄGER SEITE
PUNK
ARTUR ZEICHNET SICH EIN!
PENG
RUDOLF PREßER FOR PRESIDENT
LOURDES
„SIEBEN MUSST DU LIEBEN"
Gruß an Pit in Hameln
BP
4711,9
APATAS
Arthur Peters 81.

Winfried B o r n e m a n n 4504 Georgsmarienhütte, den 25.5.81

Am Fillerschloß 47

Geschäftsführung

Verband der Deutschen Feuerzeug Industrie

Leostr. 22

4000 D ü s s e l d o r f 11

Betr.: Feuerzeuge

Sehr geehrte Damen und Herren,

als starker Raucher brauche ich im Jahr mehrere Feuerzeuge. In der letzten Zeit habe ich vorwiegend die billigen Einweg-Feuerzeuge benutzt. Ich bin es jetzt aber leid, mich alle paar Wochen nach einem neuen umzusehen, zumal es bisweilen nachts seinen Dienst aufgibt und ich noch ein paar Zigaretten in der Schachtel habe. Ich möchte mir jetzt ein Feuerzeug anschaffen, das mein Leben überdauert und vielleicht an meine Söhne vererbt werden kann. Ich bin infolge der Energiekrise sehr verunsichert, ob ich mir noch ein Benzinfeuerzeug anschaffen soll oder empfehlen Sie den Kauf eines Gasfeuerzeuges?
Ich bitte um schonungslose Aufklärung und objektive Empfehlungen.

Mit freundlichen Grüßen

Winfried Bornemann

35

VERBAND DER
DEUTSCHEN FEUERZEUG-INDUSTRIE im **FMI**

FMI · Postfach 330 · 4000 Düsseldorf 11

Fachverband Metallwaren- und verwandte Industrien (FMI) eV

4000 Düsseldorf 11 (Oberkassel)
Leostraße 22 · Postfach 330
Telefon (0211) 57 30 71/72
Telex 858-2641 bgl d

Herrn
Winfried Bornemann
Am Fillerschloß 47

4504 Georgsmarienhütte

Ihr Zeichen / Datum
25.5.1981

Unser Zeichen / Datum
IV/Lz 2.6.1981

Sehr geehrter Herr Bornemann,

gern gehen wir auf Ihr Schreiben vom 25.5.1981 ein, wobei unsere Antwort gar nicht so - wie von Ihnen gewünscht - "schonungslos" auszufallen braucht, um Ihnen bei der Lösung Ihres "Problems" behilflich zu sein.

Zunächst möchten wir Ihnen empfehlen, beim Kauf eines neuen Feuerzeugs Wert auf ein deutsches Markenprodukt (Braun, Ibelo, Ronson, Rowenta) zu legen. Sie werden Verständnis dafür haben, wenn wir Ihnen keine direkte Marke empfehlen können; Sie sind aber mit jeder der aufgeführten gut bedient.

Etwas abwegig erscheint es uns, lassen Sie uns das offen zum Ausdruck bringen, die Frage Benzin- oder Gasfeuerzeug mit der Energiekrise in Zusammenhang zu bringen. Schon seit langem werden Benzinfeuerzeuge von deutschen Herstellern nicht mehr angeboten. Die wenigen am Markt noch vorhandenen Geräte kommen ausschließlich aus Ostasien und sind nur noch etwas für Nostalgiker.

Von Bedeutung erscheint uns jedoch noch die beim Kauf eines Feuerzeugs anzustellende Überlegung, ob man dem altbewährten Prinzip des Reibrads den Vorzug gibt oder sich für die modernere Piezo-Zündtechnik entscheidet. In Ihrem Fall würden wir empfehlen, ein Reibrad gezündetes Modell zu wählen, das zwar nicht ganz den Bedienungskomfort wie beim Piezo-Zündmechanismus aufweist, demgegenüber aber auch zuverlässig da weniger störanfällig ist.

/ 2

Denken Sie bitte daran, daß auch das funktionstüchtigste Feuerzeug hin und wieder mit Gas nachgefüllt werden muß.

Verlangen Sie aber ausdrücklich bei Ihrem Fachhändler zu dem gekauften Markenfeuerzeug eine Gasampulle desselben Markenherstellers, da Ampullen ausländischer Provenienz oftmals unreines Gas enthalten, was bei einer Verwendung schnell zu einer Verstopfung der Brenndüse führen kann.

Wenn Sie dann noch Ihrem Feuerzeug hin und wieder etwas Pflege zuteil werden lassen, werden Sie sicherlich jahrelang daran Freude haben. Allerdings sollten Sie bedenken, daß die fortschreitende Technologie und der durch täglichen Gebrauch entstehende Verschleiß auch an einem Feuerzeug nicht spurlos vorübergeht. Mit anderen Worten: Ihre Vorstellung, mit einem Feuerzeugkauf eine Entscheidung im Hinblick auf "die nächsten Jahrzehnte" zu treffen oder gar die Forderung, daß Ihre Erben an dem Gerät noch Freude haben sollen, scheinen uns doch etwas überzogen zu sein.

Mit freundlichen Grüßen

Der Geschäftsführer

(Schäfer)

LÖSEGELDFORDERUNG

1500 briefmarken zu 60 Pfg

800 zu 50 Pfg

28o Postkarten

aber bis – Sonntag 30

Winfried Bornemann

4504 Georgsmarienhütte, den 18.2.81

Am Fillerschloß 47

Geschäftsleitung

HOTEL STEIGENBERGER

53 B O N N

36

Sehr geehrte Damen und Herren,

ich habe in den nächsten Wochen geschäftlich in Bonn zu tun. Da sowohl mein Hausangestellter als auch meine Frau im Urlaub sind, m u ß ich auf dieser Reise einen zahmen Puma mitnehmen. Dieser Tatbestand macht es nötig, daß ich wegen der Unterbringung des Tieres Ihnen vorher folgende Fragen vorlege:

1. Ist eine Unterbringung des Tieres bei Ihnen möglich?
2. Kann das Tier mit mir in einem Zimmer bleiben?
3. Ist die Versorgung des Tieres mit frischem Lammfleisch gesichert?

Mit freundlichem Gruß

STEIGENBERGER
HOTEL·BONN

Steigenberger Hotel · Postfach 12 04 69 · D-5300 Bonn

Herrn
Winfried Bornemann
Am Fillerschloß 47

45o4 Georgsmarienhütte

Bonn Center
Am Bundeskanzlerplatz
D-5300 Bonn
Telefon: (02 28) 2 01 91
Telex: 08 86 363 steib
Telegramm: steighotelbonn
Bankverbindung:
Commerzbank AG, Bonn, Konto-Nr. 2 500 999
(BLZ 380 400 07)
Postscheckkonto:
Köln, Konto-Nr. 1560 50 - 506
(BLZ 370 100 50)

Ihr Zeichen	Ihre Nachricht vom	Unser Zeichen	Hausapparat	Tag
		WE/Kr	2o2	24. Februar 1981

Sehr geehrter Herr Bornemann,

besten Dank für Ihre Anfrage vom 18.2.81. Gegen diesen Aufenthalt haben wir prinzipiell nichts einzuwenden.

Vorab wäre es wichtig zu erfahren, wann Sie Ihren Besuch in Bonn planen, da wir überwiegend mit offiziellen Staatsbesuchen zu bestimmten Zeiten voll belegt sind. Hier unterliegen wir besonderen Sicherheitsmaßnahmen, bei denen Reservierungen nicht angenommen werden können.

Zu Ihren Punkten:

1. und 2. müssen dahingehend beantwortet werden, daß es ja keinerlei andere Möglichkeit gibt, das Tier in Ihrem Zimmer unterzubringen.
Dabei die Fragen:
Geruchsbelästigung: muß das Zimmer hinterher für einige Tage gesperrt werden, um Gerüche zu vertreiben? Das verursacht zusätzliche Mehrkosten für Sie.
Beim Aufzugfahren in geschlossener Kabine mit anderen Gästen, Beschädigungen?

Unterzeichner ist zwar Hundeliebhaber, hat mit Pumas aber keine Erfahrung. Es wäre hier nur an die Anwesenheit anderer Gäste zu denken, die sicherlich trotz zahmem Tier Angstgefühle entwickeln können.

Ein weiterer Punkt, der Beachtung finden sollte:
Das Zimmer müßte von dienstbaren Mitarbeitern begangen werden:
1. bei Reinigung, 2. bei Schäden wie Feuer oder Wasser. Dies kann aber auch bei Hunden zu Schwierigkeiten führen, die ja meist nur nachts bei Anwesenheit der sie betreuenden Personen zugegen sind. Oder nehmen Sie tagsüber das Tier mit?

Die Versorgung bereitet sicherlich keine Schwierigkeit, dürfte jedoch sehr kostspielig werden, da es sich bei der Qualität unserer Waren um Spitzenqualität handelt.

- 2 -

Zu Ihrer Information: Unser Nachbar in Zürich, ehemaliger Zoodirektor, hat nebst zwei Pumas einen zahmen schwarzen Panther in seinem Haus. Aber als Fremder ist für mich hier jeweils bei Besuchen Vorsicht geboten, obwohl die Tiere äußerst zutraulich sind. Nebenbei, nicht jedermanns Sache.

Mit freundlichen Grüßen
STEIGENBERGER HOTEL BONN

W.D.Wehr
Direktor

PS: DIESES HOTEL KANN MAN WEITEREMPFEHLEN!!!
ANDERE HOTELS WAREN WENIGER ENTGEGENKOMMEND.
W. Bornemann.

Drucksache
IST DAS EIN POLNO ?
Hast du schön Bolnemanns * gelesen ?
* BORNEMANNS BRIEFMACHEN

Winfried B o r n e m a n n

4504 Georgsmarienhütte, den 28.1.81

Am Fillerschloß 47

Geschäftsleitung

WOELM PHARMA GMBH

Postfach

3440 ESCHWEGE

37

Betr.: Fieber Schnelltest

Sehr geehrte Damen und Herren,

seit frühester Kindheit verweigere ich das Fieberthermometer. Es darf vermutet werden, daß mein damaliger Erzieher schwere rectale Fehler gemacht hat. Außerdem bin ich unter dem Arm nicht fieberbeständig. So ist es schon vorgekommen, daß ich trotz stärkster Schüttelfröste nur 37,1 über Null aufs Thermometer bekam. Aus diesem Grunde begrüße ich jede Erfindung, die mir mein Fieber sicher und unwiderlegbar bestätigt. Kein umständliches Ablesen von Zehnteln und Hundertsteln, sondern einfach ein großes N + F (Normal + Fieber) auf schwarzem Grund, schon weiß man, daß man krank ist. Ich habe den Fieberstreifen immer in der Brieftasche und überprüfe manchmal mitten in der Arbeit, ob noch das N aufleuchtet, oder schon das F sichtbar wird. Neulich war ich mit Freunden in einer großen Diskothek. Nach ein paar harmlosen Tänzchen hole ich meinen Streifen raus.....N + F..Ich hatte Fieber. Gar nichts war passiert. Nach Meinung von Freunden mußte es sich hier wohl um das bekannte DISCO FIEBER handeln. Deshalb meine Frage an den Hersteller: Kann das wohl sein? Hatten meine Freunde recht? Wir warten alle auf eine Antwort.

Mit freundlichem Gruß

Woelm Pharma

Geschäftsleitung

Woelm Pharma
GmbH & Co.
Postfach 840
3440 Eschwege

Max-Woelm-Straße
Telefon: (0 56 51) 85 81
Telex: Woelm 09 - 93 222
Telegramm: Woelm Eschwege

Rechtsform : Kommanditgesellschaft
Registergericht : AG Eschwege HR A 1187

Herrn
Winfried Bornemann
Am Fillerschloß 47

45o4 Georgsmarienhütte

6. Februar 1981
hk-mk

Betr.: Fieberschnelltest

Sehr geehrter Herr Bornemann!

Ich habe mit Interesse Ihr Fieberschnelltest-Schreiben gelesen.

Wie Sie wissen, handelt es sich dabei nur um einen Test. Im echten Krankheitsfall sollte ganz sicher der Temperaturverlauf mit einem Thermometer überprüft werden. Der Fieberschnelltest ist niemals als Thermometer-Ersatz gedacht gewesen.

Was Ihr Disco-Erlebnis anlangt, wäre vielleicht daran zu denken, daß Ihre Stirn doch feucht war, und bekanntlich hat dies einen Einfluß auf die Reaktion des Streifens, worauf wir ja auch aufmerksam machen. Sollte dies aber für den damaligen Abend nicht zutreffend sein, so habe ich auch keine andere Erklärung, als daß es sich dabei um das berühmte "Disco-Fieber" gehandelt hat - womit dann Ihre Freunde recht gehabt hätten.

Mit freundlichen Grüßen

Dr. H. Kranz
Geschäftsführer

Gesellschafter: Woelm Pharma Verwaltungsgesellschaft mit beschränkter Haftung (pers. haft. Ges.)
Sitz 3440 Eschwege, AG Eschwege HR B 1017
Geschäftsführer: Dr med. Horst A. Kranz, Eschwege u. Pierre Ranque, Paris
Woelm Pharma Beteiligungs Gesellschaft mit beschränkter Haftung

Bankkonten: Kreissparkasse Eschwege (BLZ 522 500 30) Nr. 52 704
Deutsche Bank Eschwege (BLZ 522 700 12) Nr. 840/7660
Commerzbank Eschwege (BLZ 522 400 06) Nr. 1703289
Postscheckkonto Frankfurt/M. (BLZ 500 100 60) Nr. 115 06 - 608

Winfried Bornemann 4504 Georgsmarienhütte, den 15.2.81

Am Fillerschloß 47

Geschäftsleitung

Unifranck Lebensmittelwerke GmbH

714 LUDWIGSBURG

38

Betr.: LINDES Kaffee-Ersatz-Mischung

Sehr geehrte Damen und Herren,

bei der Grobsortierung meines Vorratskellers fiel mir soeben ein Paket LINDES Kaffee in die Hände. Das aufgeklebte Preisschild von DM 1,29 für 25o g läßt vermuten, daß ich das Päckchen wohl in den frühen sechziger Jahren erworben haben muß. Bei einer ersten Geruchsprobe schlägt mir das volle Aroma eines ausgereiften Muckefucks entgegen. Schon bin ich bereit, einen Selbstversuch zu wagen und ein Kännchen von dem "Schwarzpulver" aufzubrühen, als mich meine Frau zurückpfeift. Erstens, so sagt sie, habe sie wohl vollstes Verständnis für meine nostalgische Ader, anderseits solle ich aber auch meine Verantwortung als Familienvater nicht vergessen. Schließlich erinnert sie mich noch an den Spruch: "Nichts ist gemeiner als reiner Kathreiner." Dennoch: Ich möchte gern mal naschen. Deshalb meine Frage an Sie:

Kann ich ohne Gefahr für Leib und Seele den etwa 15 Jahre alten Kaffee aufbrühen?

Was empfehlen Sie als Arzneimittel, falls mir doch schlecht werden sollte?

Und: Gibt es den LINDES Muckefuck heute überhaupt noch?

Meine Söhne schließlich fragen noch: Woraus wurde der seinerzeit überhaupt hergestellt? Alles Fragen eines ehemaligen Fans.

Mit tiefschwarzen Kaffeegrüßen

Winfried Bornemann

UNIFRANCK
LEBENSMITTELWERKE GMBH

UNIFRANCK Lebensmittelwerke GmbH, Postfach 800126, 8000 München 80

Herrn
Winfried Bornemann
Am Fillerschloß 47

45o4 Georgsmarienhütte

8000 München 80, Postfach 800126
Prinzregentenstraße 155
Fernruf (089) 4116-1
bei Durchwahl 4116 ...
Fernschreiber 05-24131 aamu

Ihr Zeichen	Ihre Nachricht	Unser Zeichen	Durchwahl	Datum
		MG/pf	4116-636	2o. 2. 1981

LINDE'S Kaffee-Ersatzmischung

Sehr geehrter Herr Bornemann,

herzlichen Dank für Ihre freundlichen und amüsanten Zeilen.

Wagen Sie es ruhig und probieren Sie den Linde's Kaffee. Bei einigermaßen trockener Lagerung ist der Kaffee ohne gesundheitlichen Schaden genießbar.

Um die Frage Ihrer Söhne zu beantworten: Linde's wird heute wie damals aus Gerste, Malz, Roggen und Zichorie hergestellt.

Wir bedauern nur eines, Sie schreiben, daß Sie ein ehemaliger Fan sind. Darum möchten wir Ihnen ein Päckchen Linde's aus der "Jetztzeit" übersenden. Außerdem - vielleicht gewinnen wir Sie doch als gesundheitsbewußten Verbraucher - schicken wir Ihnen 1 Dose Caro und 1 Glas Kneipp Malzkaffee (das sind Linde's und Kathreiner in Instant-Form).

Wir hoffen, daß Ihnen unsere Produkte gut bekommen und verbleiben

mit freundlichen Grüßen

UNIFRANCK Lebensmittelwerke GmbH
Produktmanagement Getränke

J. Rymmel P. Felhofer

Anlagen

BRIEFKASTENFIRMEN

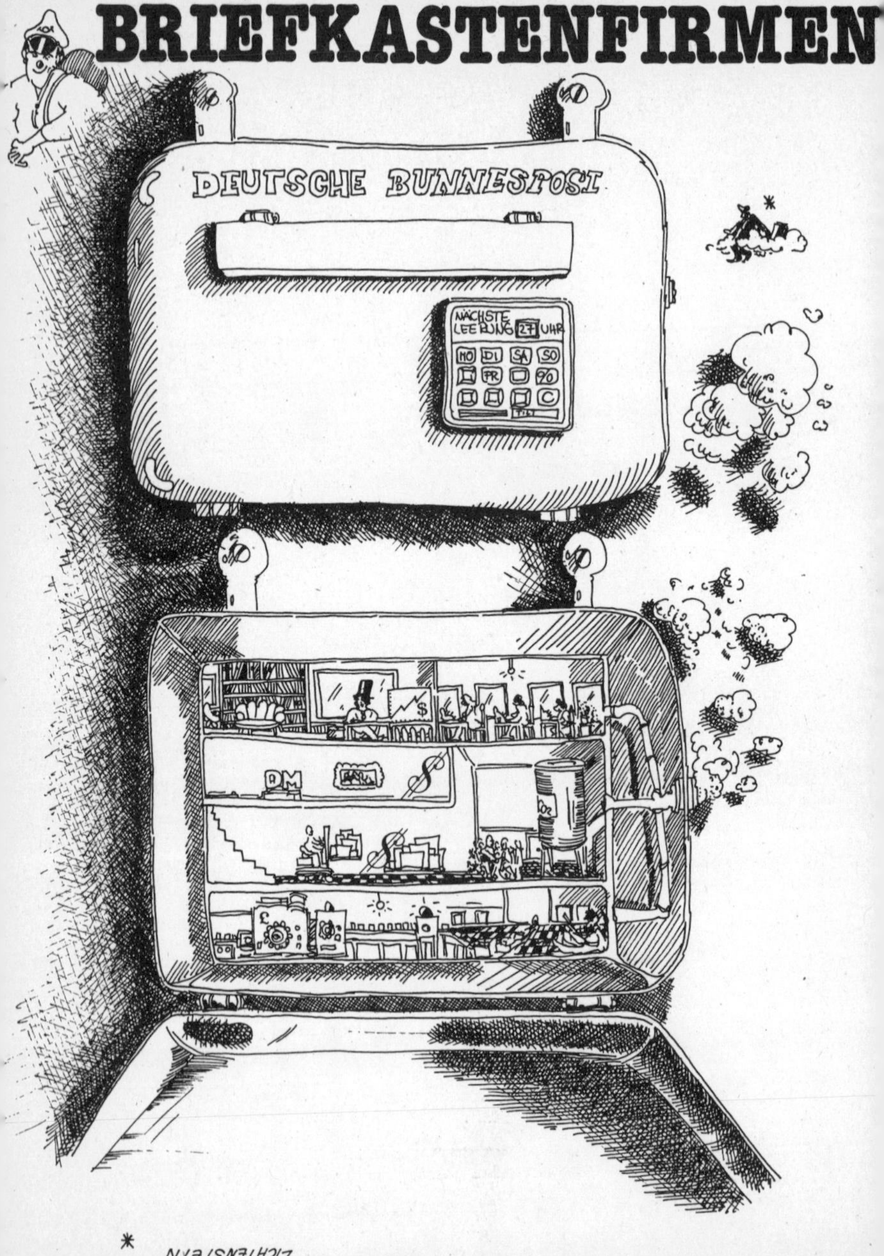

Toter Briefkasten

Winfried B o r n e m a n n   4504 Georgsmarienhütte, den 29.1.81

Am Fillerschloß 47

Geschäftsleitung

ROLAND CHEMIE

Postfach

2000 HAMBURG

39

Betr.: DESAQUICK gegen Mundgeruch

Sehr geehrte Damen und Herren,

wenn man sich schon auf Werbung verläßt. In einer Ihrer schönen Anzeigen fand ich den Satz:"Sie treffen jemanden, der von Alkohol nichts hält, dann DESAQICK". Sowas prägt sich ein. Deshalb habe ich immer Desaquick im Handschuhfach, falls ich mal jemanden treffen sollte, der von Alkohol überhaupt nichts hält. Ihr Produkt als mein Schutzpatron. Denkste.
Neulich treffe ich zwei Herren mit grün-weißem Auto und Uniform, die sich mit mir unterhalten wollten. Sie wollte mir ein Gespräch aufzwingen. Ich bleibe stumm. Daraufhin darf ich in einen Ballon blasen. Ich steige ganz selbstbewußt aus, da mir ja mit Desaquick nichts passieren kann. Ich hatte vorsichtshalber gleich zwei Tabletten genommen, weil man ja als Beamter einen Instinkt für Vorsichtsmaßnahmen hat....Die Röhre färbt sich, ich bin mein Scheinchen los. So ohne Auto hat man ja nun Zeit, einmal über die Ursachen des Mißgeschicks nachzudenken.
Ich bin fest davon überzeugt, daß Sie durch Ihre irreführende Werbung eine gewisse Mitschuld tragen. Stimmts? Das meint auch mein Freund Michael aus München, der studiert hat. Er hat mir auch den Tip gegeben, mal bei Ihnen nachzufragen, ob Sie nicht gegen solche Pannen versichert sind, durch Ihre Haftpflicht-oder Hausratsversicherung.?
Ich hoffe auf eine befriedigende Antwort.

Unalkoholisiert grüßt Sie

Winfried Bornemann

ROLAND
ARZNEIMITTEL HAMBURG

Roland Arzneimittel GmbH · Postfach 730820 · 2000 Hamburg 73

Herrn
Winfried Bornemann
Am Fillerschloß 47

4504 Georgsmarienhütte

Bargkoppelweg 66
2000 Hamburg 73
Tel. 040/6784011
Auftragsannahme Tag u. Nacht:
040/6784016
Telegramm: Rolandarznei
Telex: 2174725

Ihr Zeichen	Ihr Schreiben vom	Unser Zeichen	Datum
	29.01.1981	en-schl	5. März 1981

Sehr geehrter Herr Bornemann,

die Schilderung über Ihre Begegnung mit zwei Herren, die von Alkohol am Steuer überhaupt nichts halten, hat uns etwas betrübt. Offensichtlich waren Sie von der Mundgeruch beseitigenden Wirkung unseres "Desaquick" überhaupt nicht überzeugt, denn sonst hätten Sie sich mit den beiden aufdringlichen Gesprächspartnern doch ungezwungen und frei unterhalten können. Mit Ihrer "Stummheit" haben Sie doch geradezu das "Pusten" provoziert.

Darüber hinaus können wir uns eigentlich kaum vorstellen, daß gerade einem allgemein interessierten und informierten Beamten unbekannt sein sollte, daß man sich nach alkoholischen Genüssen besser nicht mehr ans Steuer setzt, sondern sich öffentlichen Verkehrsmitteln oder dem Taxi anvertrauen sollte.

Mit dem Hinweis "Sie treffen jemanden, der von Alkohol nichts hält ..." wird auf Situationen wie z.B. diese abgehoben: Ihre Gattin oder Freundin empfindet eine Alkoholfahne als unangenehm und verweigert Ihnen dann bei der Heimkehr den sonst üblichen Begrüßungskuß. Oder Sie gehen zum Tanzen in die Disco und wollen dort jemanden treffen, der von einer Alkoholfahne nichts hält. In diesen Fällen, die sich noch fortsetzen lassen, empfiehlt sich unser Desaquick und macht Sie sicher vor Mundgeruch.

Wir hoffen, daß Sie trotz der mißlichen Erfahrung unserem "Desaquick" die Treue halten und die Anwendung auf die empfohlenen Bereiche beschränken. Die Wirkung von "Desaquick" beruht auf der Beseitigung von Mundgeruch und nicht im Abbau von Alkohol.

Mit freundlichen Grüßen
R O L A N D
Arzneimittel GmbH

i.V.   i.V.
- Rudolf Engl -   - Christian Hartung -

Winfried Bornemann

4504 Georgsmarienhütte, den 27.2.81

Geschäftsleitung

JUNGHANS WOLLE

Gut Dämme Str. 4

5100 AACHEN

Betr.: STRICKMÜHLE

Sehr geehrte Damen und Herren,

ich schreibe hauptsächlich im Namen meiner Frau, die mich wegen eines Pullovers, der heute noch fertig werden soll, mit diesem Brief beauftragt hat. Vor mir steht die besagte Strickmühle. Ein kaffeemühlenartiges Plastikgebilde mit rotierenden Scharniernähnadeln. Als Kinder haben wir zu ihrer Schwester aus Holz "Strickliesel" gesagt. Ich habe mir auf diesem einfachen Ding damals ganz ansehnliche Schals gestrickt. Unsere Söhne sind nun auch im strickfähigen Alter. Aus diesem Grunde haben sie zu Weihnachten statt eines ferngesteuerten Autos je eine Strickmühle bekommen. Anfangs hielt sich die Begeisterung in Grenzen, doch dann riß der Faden, bzw. platzte der Knoten... Apropos Fadenriß.. Zum Stricken sind meine Söhne bis heute nicht gekommen, weil... wie ich schon sagte. Auf den Prospekten kann man damit ja richtige Wunderdinge stricken. Wir dagegen haben bis heute mit dem Gerät nur ein gepflegtes Wollchaos vollbringen können. Oberhalb der rotierenden Nadeln entstand ein Kuddelmuddel, der schließlich zum Fadenriß führte. Jeder wollte es besser können . Schwager Heinz wollte seine Heimwerkerroutine ausspielen. Vergeblich. Selbst unsere strickerprobte und wollerfahrene Großmutter (40 Jahre unfallfreies Stricken, Häkeln und Klöppeln, Goldenes Strickabzeichen , Bundeswollverdienstkreuz am Faden) erzeugte nur einige luftmaschenartige Gebilde. Ihr Kommentar kurz und deutlich: "Und sowas nennt sich Strickmaschine!! Ihr hättet was ordentliches kaufen sollen." Nun habe ich Ihnen schon einen Teil der familiären Stricksituation geschildert. Nun mal ehrlich! Geht das Ding wirklich? Ich schicke es Ihnen zur Inspektion zurück. Untersuchen Sie die Mühle in Ihren Spezialwerkstätten doch mal auf Herz und Nieren. Können Sie mir den Erfinder nennen? Ich möchte ihm ein paar wollig flauschige Grüße senden. Wir alle hoffen, daß Sie uns nicht allzu böse sind und uns bald eine generalüberholte Mühle zuschicken. Denn: es gibt noch viel zu stricken, packen wir für heute ein.

Maschenhaft Grüße von

Winfried Bornemann

40

Junghans Wolle

Handstrickgarne · Handarbeiten
Teppiche zum Selbstknüpfen

GESCHÄFTSLEITUNG

Herrn
Winfried Bornemann
Am Fillerschloß 47

4504 Georgsmarienhütte

Aachen, den 12.03.1981

Sehr geehrter Herr Bornemann,

vielen Dank für Ihren humorvollen Brief vom 27.02.1981, den ich aber dennoch ernst nehmen möchte.

Bitte entschuldigen Sie, daß ich Ihnen erst heute schreibe. Aber auch in Aachen war Karneval; unser Betrieb blieb während der "Tollen Tage" geschlossen. Für die etwas verzögerte Beantwortung Ihres Briefes bitte ich daher um Ihr Verständnis.

Ihre anschaulichen, mit herrlichen Gags angereicherten Darstellungen lassen das Bild einer "strickwütigen Familie" von drei Generationen, die sich um ein mißverstandenes Wunderding (Strickmühle) "rauft", so lebendig werden!

Ich habe die Strickmaschine überprüft; sie ist völlig in Ordnung.

Sicherlich haben Sie alle in Ihrem Eifer die "Spielregeln" nicht so genau eingehalten. Sehr wichtig ist es, das Gewicht einzuhängen. Durch Strammziehen der Schnur nach unten kann oberhalb kein Wollstau entstehen. Und bitte, keine zu dicke Wolle nehmen und nicht zu schnell drehen! Die Zungen an den Nadeln müssen sich öffnen und schließen.

Im Prinzip ist die Strickmühle der hölzernen Strickliesel ähnlich; nur muß nicht - wie bei der "Liesel" - jede Masche einzeln abgestrickt werden. Wenn man's versteht, geht es mit der Kurbel der Strickmühle weitaus schneller.

Als Anlage sende ich Ihnen die Strickmühle mit einer längeren Probeschnur wieder zu und wünsche Ihnen allen viel Erfolg!

Bei dem Modell handelt es sich um ein französisches Produkt. Sicherlich werden sich die "wollig lauschigen" Grüße an den Erfinder erübrigen, wenn Sie jetzt - vielleicht im Teamwork - die Wunderdinge zustande bringen, die Ihnen der Prospekt verspricht.

Mit freundlichen Grüßen

Ihre
Junghans-Wolle Aachen

(Koenig)
Geschäftsführer

Anlage
1 Strickmühle zurück

Winfried B o r n e m a n n

4504 Georgsmarienhütte, den 17.05.1981
Fillerschloß

Deutscher Hotel und Gaststättenverband
z.Hd. Präs. Leo Imhoff
Kronprinzstraße 46

5300 Bonn 2

Betr.: Eröffnung eines schottischen Restaurants

Sehr geehrter Herr Imhoff,

ich habe mich in den letzten Jahren intensiv im Gaststätten- und Restaurabtbereich umgesehen, da ich ein eigenes Geschäft eröffnen möchte. Dabei ist mir aufgefallen, daß die sogenannten ausländischen Lokale nach wie vor großen Zulauf haben. Bei den Griechen und Chinesen sind oftmals nur noch Stehplätze zu bekommen. Alle Nationalitäten und rassischen Minderheiten haben bei uns ihr eigenes Lokal. Außer....... den Schotten. Die waren wohl bisher zu geizig, ein eigenes Lokal einzurichten. In diese Lücke nun möchte ich gern springen, obwohl auch ich den Pfennig gern zusammenhalte.
Ich habe deshalb folgende Fragen an Sie:
Gibt es schon irgendwo in Deutschland ein solches Lokal?
Wie beurteilen Sie die Chancen, mit einem solchen Lokal einen bescheidenen wirtschaftlichen Erfolg zu haben?
Eine vorläufige kleine Getränkekarte und die Geschäftsbedingungen habe ich Ihnen beigefügt.

Mit Grüßen geizt nicht

Winfried Bornemann

41

Auszug aus der Speise- und Getränkekarte des schottischen Lokals "Loch Nass"

Bier	0,200 l (im Moulin Rouge)		3,50 DM
	bei uns		1,20 DM
	Ersparnis		2,30 DM
Wiener Schnitzel			9,80 DM
	bei uns (einfach)		6,50 DM
	Ersparnis		3,50 DM
	zuzüglich	durchgebraten	0,30 DM
		paniert	0,20 DM
		mit Serviette	0,10 DM
Lokalrunde (bei 45 Personen in Bayern)			62,90 DM
	bei uns (Ober und Sie)		2,40 DM
	Ersparnis		60,50 DM

Allgemeine Geschäfts- und Zahlungsbedingungen:

1. Bei Einbruch der Dunkelheit werden pro Gast 0,20 DM * Beleuchtungszuschlag erhoben.
2. Bei fahrlässiger Verschmutzung der Papiertischdecke berechnen wir einen Zuschlag von 2,00 DM *
3. Telefonbenutzung pro Satz 0,20 DM *
4. Schüler und Studenten können verbilligt mit dem Ober und den Hunden die Reste essen (nach Geschäftsschluß)
5. Vom Tisch gefallenes Bargeld gehört dem Ober
6. Für offen zur Schau getragene Geldbörsen übernehmen wir keine Haftung

* zuzüglich Mehrwertsteuer

DEHOGA

DEUTSCHER HOTEL- UND GASTSTÄTTENVERBAND E.V.

FACHGRUPPE GASTSTÄTTEN UND VERWANDTE BETRIEBE

DEHOGA, Kronprinzenstr. 46, Postfach 200210, 5300 Bonn 2

Bad Godesberg
Kronprinzenstr. 46
Postfach 200210
5300 Bonn 2
Telefon: (0228) 362016-19
Telegramme: »DEHOGA«
Telex: 885489 hoga d

Herrn
Winfried Bornemann
Fillerschloß

4504 Georgsmarienhütte

Ihr Zeichen	Ihre Nachricht	Unser Zeichen	Tag
	17.5.81	St	2. Juni 1981

Sehr geehrter Herr Bornemann,

da die einzelnen Gaststättenbetriebe, soweit sie organisiert sind, Mitglied im jeweiligen Landesverband sind, können wir Ihnen leider nicht sagen, ob es irgendwo in Deutschland ein schottisches Restaurant gibt.

Die Chancen, mit der Eröffnung eines derartigen Lokals auch einen wirtschaftlichen Erfolg zu haben, richten sich unter anderem nach der örtlichen Gegebenheit.
Wir würden Ihnen empfehlen, Ihre Anfrage an einen unserer Mitgliedsverbände, in dessen Verbandsbereich Sie evtl. ein Restaurant eröffnen wollen, zu richten. Ein entsprechendes Verzeichnis fügen wir bei.

Mit freundlichen Grüßen

(Dr. Wahl)
Geschäftsführer

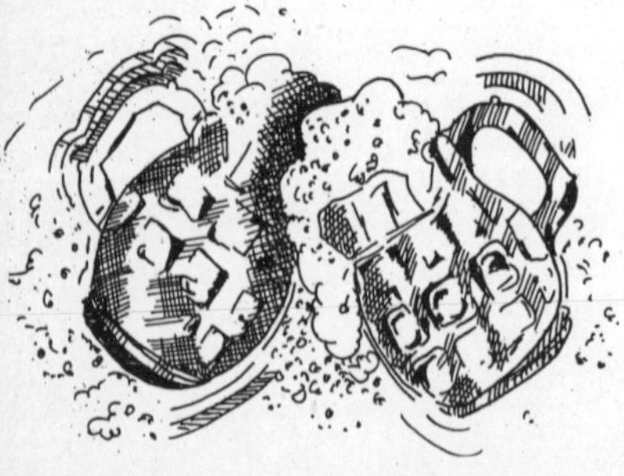

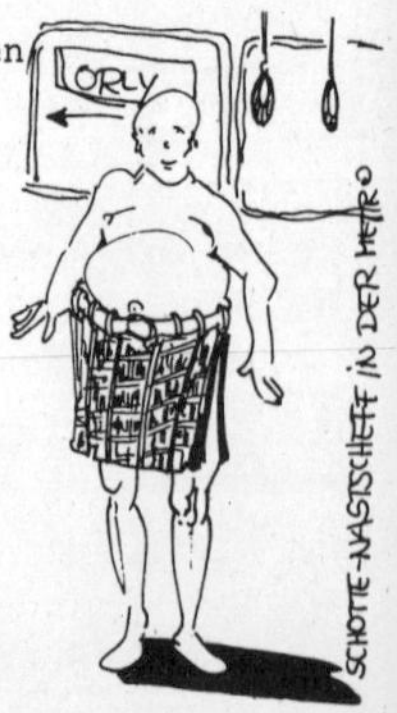

„SIE SAGTEN DOCH LUFTPOST, ODER WAS ODER ÜBERHAUPT ?"

Winfried Bornemann

4504 Georgsmarienhütte, den 15.01.81
Am Fillerschloß 47

Firma
C. Ronning
-Geschäftsleitung-
Postfach

2800 Bremen

42

Betr.: "Brief und Siegel"

Sehr geehrte Damen und Herren,

was meine Trinkgewohnheiten angeht, habe ich eine lange Odyssee hinter mir. Erst lockte mich der Tee, dann stieg ich um auf Nescafe, und zwar volle Kanne. Inzwischen bin ich 36 Jahre alt, da wird man ruhiger und vorsichtiger, deshalb bin ich jetzt beim Filterkaffee gelandet. An vielen bedeutenden Probierständen in großen deutschen Kaufhäusern bin ich auf Ihre Marke gestoßen. Erst etwas vorsichtig, dann habe ich begierig genippt und zuweilen geschlürft. Zu H ause habe ich dann von meiner "Entdeckung" berichtet. Meine jacobsorientierte Frau blieb skeptisch. Bis heute. Sie will röstfrische Beweise. In meiner Hilflosigkeit habe ich Ihre Packung gedreht und gewendet. Da! Der Rettungsanker: "Für gleichbleibende Qualität garantieren wir mit Brief und Siegel" -Seit 1894!
Ich möchte Sie deshalb recht herzlich bitten, mir doch umgehend diesen Brief und das entsprechende Siegel zukommen zu lassen, damit ich es meiner Frau präsentieren kann. Schwarz auf braun, ungefiltert.

Mit freundlichen Grüßen

Arthur, das ist doch
das Tschibo Männchen.

Melitta

BEREICH KAFFEE

errn
infried Bornemann
n Fillerschloß 47

504 Georgsmarienhütte

hen	Ihre Nachricht vom	Unsere Zeichen/Durchwahl	Zuständig	Bezirk	Datum
		K. 0571/86 817			28.1.1981

Sehr geehrter Herr Bornemann,

vielen Dank für Ihr Schreiben vom 15.1.1981, das uns zur Bearbeitung von unserem Zweigwerk Carl Ronning, Bremen, übersandt wurde.

Wir freuen uns sehr, daß Sie mit unserem Ronning-Kaffee zufrieden sind. Damit Sie auch Ihre Frau von der gleichbleibend guten Qualität überzeugen können, übersenden wir Ihnen als Anlage eine kleine Kostprobe.

Wir wünschen Ihnen und Ihrer Frau angenehme Kaffeestunden und verbleiben

Anlage

mit freundlichen Grüßen

MELITTA-WERKE Bentz & Sohn
Bereich Kaffee
Abt. Marketing
i. A.:

Kruse

ner* 0571/861
71/86598
Mindenwestf.

Deutsche Bank Minden, Kto. 288/7560 (BLZ 49070028)
Dresdner Bank, Minden, Kto. 3336013 (BLZ 49080025)
Westd. Landesbank, Bielefeld, Kto. 980730 (BLZ 48050000)
Commerzbank Minden, Kto. 312030000 (BLZ 49040043)
Kreisspark. Minden-Lübbecke, Kto. 40014110 (BLZ 49050101)
Stadtsparkasse Minden, Kto. 366179 (BLZ 49050030)
Postscheckkonto: Hannover 69333-301 (BLZ 25010030)
Bahnstation: Minden (Westf) Oberstadt

Winfried Bornemann

4504 Georgsmarienhütte, den 21.6.81

Fillerschloß

Geschäftsleitung
METABO Werke
Postfach
744 NÜRTINGEN

Sehr geehrte Herren,

ich arbeite seit vielen Jahren mit METABO mit vollster Zufriedenheit. Es gibt kein Zusatzgerät, das nicht im Keller steht. Da in der Wohnung augenblicklich keine Reparaturen mehr anstehen, möchte ich mein Betätigungsfeld dennoch erweitern. Ich möchte meinen Söhnen einige neue Plomben in die Zähne setzen. Deshalbe meine Frage an Sie. Haben Sie für diesen Zweck schon ein Zusatzgerät nebst den entsprechenden Bohrern entwickelt? Wenn nicht, so habe ich möglicherweise auch Ihrer Entwicklungsabteilung einen guten Tip gegeben. Bitte teilen Sie mir den Stand der Entwicklungen mit.

Mit besten Grüßen

Winfried Bornemann

43

Metabo

Metabowerke GmbH & Co., Postfach 1229, D-7440 Nürtingen

Herrn
Winfried Bornemann
Fillerschloß

4504 Georgsmarienhütte

Metabowerke GmbH & Co.
Gerberstraße 31
Postfach 1229
D-7440 Nürtingen

Elektrowerkzeuge, Heimwerkgeräte, Tisch- und Säulenbohrmaschinen, Schleif-, Bandschleif- und Poliermaschinen, Transferstraßen, Schleifscheiben.

Ihre Nachricht	Ihre Zeichen	Unsere Zeichen	Durchwahl	Tag
21.6.81	-	66/172	72-379	3. Juli 1981

Sehr geehrter Bornemann,

wir freuen uns mit Ihnen, daß Sie mit den METABO-Geräten voll zufrieden sind.

Leider müssen wir Sie enttäuschen, daß in unserer Entwicklungsabteilung Ihr Vorschlag "Zusatzgerät und Bohrer zum Einsetzen von Plomben in Zähnen" noch nicht aufgegriffen wurde. Wir werden dies auch im Laufe der nächsten Zeit nicht in Angriff nehmen, möchten Sie jedoch darauf hinweisen, daß mit unseren Geräten nicht nur Reparaturen möglich sind, sondern es können auch neue Gegenstände damit gebastelt werden.
Desweiteren haben wir Geräte für den Garten im Programm, die sicher auch für Ihre Gesundheit förderlich wären, wenn Sie diese am Wochenende benützen würden.

Mit freundlichen Grüßen
METABOWERKE GmbH & Co.
i.A.

(Kieser)

Metabowerke GmbH & Co.
Gerberstraße 31
Postfach 1229
D-7440 Nürtingen

Fernruf: (0 70 22) 721
Fernschreiber: 07-267 344
Drahtwort: Metabowerke

Die Gesellschaft ist eine Kommanditgesellschaft mit Sitz Nürtingen, Registergericht Nürtingen HRA 1520. Persönlich haftende Gesellschafterin ist die Metabowerke Verwaltungsgesellschaft mbH mit Sitz in Nürtingen, Registergericht Nürtingen HRB 870, Geschäftsführer: Heinz Closs, Hans Rauch-Christen, Albrecht Schnizler, Heinz Brüggemann, Walter Hahn, Gerhard Lauer.

Kontoverbindungen:
BW-BANK Nürtingen (612 200 30) 1601632 100
Kreissparkasse Nürtingen (612 500 30) 48 210 333
Postscheckamt Stuttgart (600 100 70) 231 11-706

Winfried Bornemann

4504 Georgsmarienhütte, den 18.6.81
Fillerschloß

Verband der
Deutschen Feinmechan. -und Optischen Industrie e.V.
z.Hd. Herrn v.der Trenk
Pipinstr. 16
5000 KÖLN

44.

Sehr geehrter Herr von der Trenk,

ich bitte Sie höflichst um die Beantwortung der folgenden Frage:
Empfiehlt es sich die Brille abzusetzen, wenn es nichts zu sehen gibt.?
Ich habe ständig Streit mit meinem Sohn, der diese meine Empfehlung nicht akzeptieren will. Da ich aus einer Familie stamme, wo das Tragen einer Brille zur Tradition gehört, habe ich diesen Ratschlag von meinem Großvater übernommen und verinnerlicht. Ich bin der festen Überzeugung, daß somit die Lebensdauer der (wertvollen) Brille meines Sohnes wesentlich erhöht wird.
Sehe ich das richtig?

Hochachtungsvoll

Verband der Deutschen Feinmechanischen und Optischen Industrie e. V.

Herrn
Winfried Bornemann
Fillerschloß
45o4 Georgsmarienhütte

Ihr Schreiben vom	Ihr Zeichen	Unser Zeichen	Pipinstraße 16, D-5000 KÖLN 1
18.6.81		Ia/Dr.Tr/Pf	24.6.1981

Sehr geehrter Herr Bornemann !

Die Frage ist aus der Ferne nicht so leicht zu beantworten, weil man dazu wissen müsste, in welchem Ausmaß Ihr Sohn fehlsichtig ist. Ob nun allerdings die Lebensdauer einer Brille durch öfteres Absetzen verlängert wird, erscheint mir, ehrlich gesagt, fraglich. Scharniere, Bügel und die Aussenflächen der Gläser werden m.E. bei einem öfteren Auf- und Absetzen eher mehr in Anspruch genommen, als wenn man die Brille ständig trägt. Dabei gehe ich natürlich davon aus, daß der Brillenträger nicht etwa einem Beruf nachgeht, bei dem die Brille, z.B. beim Arbeiten in der Werkstatt, in besonderer Weise strapaziert werden könnte.

Ich bedauere, daß ich Ihre Frage nicht in der gewünschten Weise präzise beantworten kann, aber aus der Ferne soll man immer mit Ratschlägen vorsichtig sein, denn diese Ratschläge sind rein theoretischer Art und gehen an der Lebenspraxis vorbei.

Mit freundlichen Grüssen

(Dr.v.d .Trenck)

Winfried Bornemann

4504 Georgsmarienhütte, den 18.6.81
Am Fillerschloß 47

Institut für Erdölforschung
Herrn Prof. Dr. H. H. Oelert
Am kleinen Felde 3o
3000 HANNOVER

Betr.: Erdöl in meinem Garten?

Sehr geehrter Herr Professor Oelert,

im Zeichen einer weltweiten Energieverknappung ist jeder Bürger aufgerufen, mögliche Energiereserven aufzuspüren. So habe ich in meinem Garten beobachtet, daß sich zunehmend braune Flecken im Gras bilden, was möglicherweise darauf schließen läßt, daß Erdöl den Weg zur Oberfläche sucht. Außerdem ist festzustellen, daß an diesen Stellen keinerlei Regenwürmer zu finden sind. Diese untrüglichen Zeichen werden Ihnen bekannt vorkommen.
Bitte teilen Sie mir in einer ersten Stellungnahme mit, welche weiteren Schritte ich zu unternehmen habe
Wie sehen eigentlich die juristischen Aspekte aus, falls sich meine Vermutungen bewahrheiten sollten? Wem sollte man die Bohrungsrechte übertragen?

Hochachtungsvoll

45

INSTITUT FÜR ERDÖLFORSCHUNG

Anstalt des öffentlichen Rechts

- Der Direktor -

Am Kleinen Felde 30
3000 HANNOVER
Fernruf (0511) 712347/48

Konten:
Norddeutsche Landesbank – Girozentrale –
Hannover Nr. 4495 – BLZ 25050000

Postscheck-Kto. Hannover Nr. 5-307
BLZ 25010030

Institut für Erdölforschung · Am Kleinen Felde 30 · 3000 Hannover

Herrn
Winfried Bornemann
Am Fillerschloß 47

4504 Georgsmarienhütte

Ihr Zeichen	Ihre Nachricht vom	Unser Zeichen	Tag
	18.6. u. 15.8.81	Oe/Hs	26. August 1981

Sehr geehrter Herr Bornemann!

Leider kann ich Ihre Schreiben vom 18.6. u. 15.8. erst jetzt beantworten. Nach der geologischen Situation und weiteren Erfahrungen ist es höchst unwahrscheinlich, daß in Ihrem Bereich oberflächennahe Erdölvorkommen sind. Zuständig wäre wohl das Nds. Geologische Landesamt, Hannover-Buchholz, sowie die zuständige Bergbehörde. Zuvor müßte aber durch ein geeignetes Laboratorium festgestellt werden, welche Stoffe tatsächlich in Ihrem Boden vorhanden sind. Solche Untersuchungen sind mit erheblichen Kosten für Sie verbunden. Deswegen empfehle ich, einige einfache Tests selbst vorzunehmen.

Graben Sie an der wahrscheinlichsten Stelle ein Spatenloch ca. 60 cm tief. Schlämmen Sie den Aushub in einem Behälter mit möglichst wenig Wasser intensiv auf. Sofern merkliche Kohlenwasserstoffanteile vorhanden sind, müßten sie sich als"Ölfilm" auf dem Wasser schwimmend zeigen. Ferner sollte sich Erdöl auch durch Geruch in dem ausgehobenen Loch anzeigen. Füllen Sie das ausgehobene Loch zu 2/3 mit Wasser und beobachten Sie über mehrere Tage die Wasseroberfläche, ob sich ein "Ölfilm" sammelt. Erst wenn diese Beobachtungen eindeutig positiv sind, sollten Sie weitere Maßnahmen ergreifen, z. B. eine Bodenuntersuchung machen lassen. Hierzu kann Ihnen sicher die zuständige Landwirtschaftskammer, der Bauernverband oder auch eine Raiffeisenverkaufsstelle weiterführende Hinweise geben. Sollten sich wirklich Erdölanteile finden, könnten wir diese dann na-

Sitz des Instituts: Clausthal-Zellerfeld · Direktor: Prof. Dr. rer. nat. Hans-Henning Oelert · Stellv. Direktor: Prof. Dr. rer. nat. Hans-Joachim Neumann türlich auch untersuchen. Wir sind aber nicht für Bodenproben oder geologische Fragen zuständig.

Mit freundlichem Gruß

(Prof. Dr. H.H. Oelert)

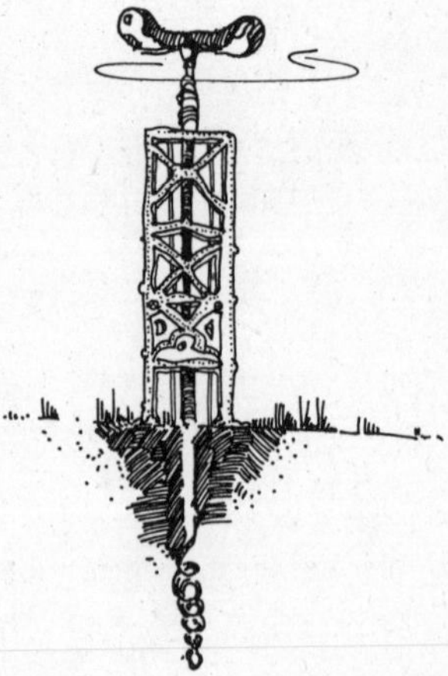

ICH FAHRE FORD WEIL MEINE SCHWIEGERMUTTER KOMMT!
CASANOVA
DEUTSCHE BUNDESPOST
4504
Herrn Winfried Bornemann
4504 Georgsmarienhütte
Leiber Winfried.
DER SCHWEISS ODER AUCH BLUT-HUND GUCKT TRAURIG, WENN ER NICHT SCHWITZEN UND BLUTEN KANN. – WAHRSCHEINLICH HAT SEIN DEODORANT VERSAGT.
Arthur
POSTKARTE
MIT LUFTPOST
PAR AVION
MIT LUFTPOST
PAR AVION

Winfried Bornemann

4504 Georgsmarienhütte, den 18.6.81
Fillerschloß

Deutsches Institut für Normung
-Der Präsident -
Burggrafenstr. 4-10
1000 Berlin 30

Betr.: Änderung der Zeiteinteilung

Sehr geehrter Herr Präsident,
mir ist aufgefallen, daß die Leute mit Ihrer Zeit nicht mehr auskommen. Allgemeine Hektik, Streß und viele psychische Krankheiten sind die Folge. Das kann nicht s o weiter gehen. Ich möchte deshalb bei Ihrem Institut folgenden Vorschlag zur Prüfung einreichen.
Der Tag wird auf 48 Stunden verlängert. Die Woche besteht somit nur noch aus drei Tagen. Der Sonntag behält wie gehabt 24 Stunden. Die Tagesnamen Dienstag, Donnerstag und Samstag entfallen. Es ergeben sich keinerlei Konsequenzen für die 4o Stunden Woche, da am Freitag nur halbtags gearbeitet wird. Die Gewerkschaf werden jubeln, die Leute haben wieder viel Zeit. Sie sehen, viele Probleme des täglichen Lebens sind in Wirklichkeit nur Definitionsprobleme. Aber wem sage ich das. Eventuell anfallendes Honorar für meinen Vorschlag bitte ich der Stiftung Spazierengehen e.V. in 6719 Weisenheim zu überweisen.
Für die Beantwortung evtl. Fragen stehe ich gern zur Verfügung.

Mit besten Grüßen

Winfried Bornemann

46

DIN Deutsches Institut für Normung e.V.

Der Präsident

Herrn
Wilfried Bornemann
Fillerschloß

4504 Georgsmarienhütte

DIN

Mitglied der
Internationalen
Organisation
für Normung (ISO)

Telefon: (030) 26 01-1
Burggrafenstraße 4-7
1000 Berlin 30

1. September 1981

Änderung der Zeiteinteilung

Sehr geehrter Herr Bornemann!

Der Präsident des DIN hat Ihre Zeilen aufmerksam gelesen, sieht zu seinem Bedauern aber keine Möglichkeit zur Verwirklichung Ihres Vorschlags.

Wir können deshalb auch kein Honorar auf das von Ihnen angegebene Konto überweisen.

Mit freundlichem Gruß

Sekretariat des DIN-Präsidenten

Sehner

Winfried Bornemann

4504 Georgsmarienhütte, den 15.2.81
Am Fillerschloß 47

DEUTSCHE BUNDESBANK
Postfach 2633

6000 Frankfurt 1

Betr.: <u>SCHOKOLADENMÜNZEN in Automaten</u>

Sehr geehrte Herren,

ich besitze einen Süßwaren - Automaten, der für eine DM Schokolade und andere Süßigkeiten freigibt. Jahrelang habe ich mit diesem Gerät keinen Ärger gehabt. In letzter Zeit ist der Umsatz zwar gestiegen, der Gewinn allerdings immer kleiner geworden. Grund: In der Münzkasse liegen neben einigen echten Markstücken immer mehr täuschend ähnliche Schokoladentaler. Da sie meist eine goldene Farbe haben, fallen sie sofort ins Auge. Außerdem sind sie im Sommer infolge der Wärme meist verbogen. Ich stehe hier vor einem Rätsel, das auch meine Frau nicht lösen kann. Einerseits sind die Taler etwas leichter, andererseits haben sie die gleiche Größe eines Markstücks.
Werden diese Schokoladentaler auch bei Ihnen hergestellt?
Haben Sie schon öfter von solchen Vorfällen gehört?
Leider kann ich Ihnen im Augenblick keine Schokoladenmünze beilegen, da sich mein Sohn immer darauf freut und sie in der Nachbarschaft verteilt.

Hochachtungsvoll
Winfried Bornemann

47

DEUTSCHE BUNDESBANK

Deutsche Bundesbank · Postfach 26 33 · 6000 Frankfurt 1

Herrn
Winfried Bornemann
Am Fillerschloß 47

4504 Georgsmarienhütte

Ihr Zeichen, Ihre Nachricht vom	Unser Zeichen	☎ (0611)	Frankfurt am Main
15.02.1981	H 122	158- 37 22 oder 158-1	19. Februar 1981

Betreff
Schokoladenmünzen in Automaten

Sehr geehrter Herr Bornemann,

mit Interesse haben wir von dem Inhalt Ihres Schreibens Kenntnis genommen und bemerken dazu folgendes:

Schokoladentaler werden von der Bundesbank (natürlich) nicht hergestellt oder ausgegeben. Auch ist uns bisher kein Fall bekanntgeworden, in dem ein Warenautomat "Schokoladentaler" anstelle echter 1-DM-Münzen angenommen und dafür Waren abgegeben hätte.

Wir empfehlen, den Automaten-Münzprüfer in Ihrem Süßwarenautomaten exakt justieren zu lassen oder, falls es sich um ein älteres Modell handelt, einen modernen und leistungsfähigen Automaten-Münzprüfer einbauen zu lassen.

Die von Ihnen geschilderten Verluste dürften sich damit vermeiden lassen.

Hochachtungsvoll
DEUTSCHE BUNDESBANK

BBk-Vordr. 10520 09.79 - 65432

Du kannst mich mal von hinten lecken!
DEUTSCHE BUNDESPOST
60
EUROPA

Ich verurteile Sie zu 60 Pfennig Strafporto*
PECUNIA NON OLET
STRAF
* ersatzweise 2 Wochen Telefonzelle

Winfried Bornemann

4504 Georgsmarienhütte, den 3.8.81

Am Fillerschloß 47

Lieber Ronald,

Du hattest doch schon immer ein sicheres Sprachgefühl und konntest auch komplizierte Sachen einfach ausdrücken. Ich habe da so meine Probleme. Lies doch mal bitte die beigefügten Briefe durch und begutachte sie. Wie findest Du den sprachlichen Gehalt, kann man die Briefe wohl so veröffentlichen?

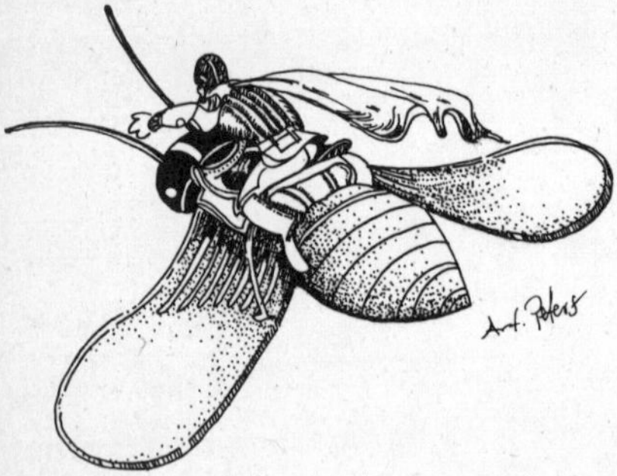

Mit besten Grüßen Dein

Winfried

Übrigens: Arthur hat schon mit den Zeichnungen für das Buch angefangen, die Lokuswand wird Spitze.

Ronald Geyer 34 Göttingen, den 21.8.81

Lotzestr. 33

Lieber Winfried,
ich bin es ja inzwischen gewöhnt,immer dann von dir zu hören,wenn Du etwas von mir willst! Ich will Deiner Bitte aber dennoch entsprechen.Allerdings geht es hier nicht um mein Sprachgefühl(davon hast Du ja schon damals in der Schule immer profitiert),sondern laß mich ein paar allgemeine Anmerkungen über Syntax,Lexikon und MorphemeDeiner Briefe machen.
Wie wir aus dem Modell des taxonomischen Strukturalismus wissen, sind Sätze nichts anderes als strukturierte Wortketten.Dabei sind Tiefenstruktur und Oberflächenstruktur im generativ-transformatorischen Sprachmodell durch Transformation miteinander verbunden. (Bei dir etwa der Würfelzuckel mit der 3.Lesung im Bundestag) Von besonderer Bedeutung sprich: Relevanz ist natürlich die Verbalkonstituente. Die fehlt aber häufig bei Dir,in Ansäzen findet sie sich im Brief an die Exil CDU.(Blättere mal wieder in Deinen alten Aufsätzen.
Bei der Analyse der Morphemik läßt sich die sprachliche Intuition (Du würdest sagen: das Sprachgefühl) gut intersubjektiv verifizieren und falsifizieren,wobei ich versucht habe,einen Korpus von Sprachdaten und die auftretenden Morpheme zu ermitteln und zu klassifizieren.Sematisch-linguistischer und syntaktischer Kode lassen dabei zu wünschen übrig,wie überhaupt.Moment,ich muß mal eben austreten.... Ach ja..Die paradigmatischen und syntagmatischen Beziehungen könen hier nicht weiter überprüft werden,aber wem sage ich das?
Bei der Untersuchung der Lexika ist vor allem die Redundanz verschiedener Begriffe auffällig.Das dürfte in enger Relation Deiner Allomorphe mit den Pluralmorphemen stehen.Ich glaube, deshalb warst Du ja auch schon früher mal in Behandlung.
Vielleicht hättest Du bei den Präteritumformungen stärker auf Null Allomorphe achten sollen.Du weißt doch noch:„-e:-e∞-erä<a∞ø
Übrigens: Deine Selektionsrestriktionen gehen voll in Ordnung,selbst bei dem Brief an diese Nudelfirma.Fast schon beckenbaueroresk,wie Du die liberogenen Sprachzonen aufhellst.
Ganz allgemein ist mir aufgefallen,daß das soziologisch-historische Feedback in Deinen Briefen nicht ganz rüberkommt.Zu viele Sprach - elfmeter,wobei der Farbbandwechsel sträflich von Dir dekompensiert wird.
So,Du kannst Dir ja nun selber einen Reim auf Deinen Postverkehr machen.Um Deine abschließende Frage zu beantworten:Veröffentlichen läßt sich heutzutage alles.Damit Dein Buch gekauft wird,kann man Dir nur eines wünschen: toi,toi,toi.
Ach so, einen lieben Gruß bitte auch an Deine Kinder und an Birgit. Sag ihr,daß ich die Brigitte-Hefte zurückschicke,sobald ich den Pullover fertig gestrickt habe.

Es grüßt Dich

Ronald

Lieber Leser
Dies Buch ist jetzt zu Ende !!
W. Bornemann.
(LEHRER)
(GRAFIK-DESIGNER)
Zugabe!!!
LESER
KLATSCH

Winfried Bornemann

4504 Georgsmarienhütte, den 29.1.81

Am Fillerschloß 47

GISELA Krankenschutz

Warngauer Str. 42

8000 MÜNCHEN 90

49

Betr.: SELBSTHEILUNG - Mitgl.nr. 199 403

Sehr geehrte Damen und Herren,

bis jetzt war ich für Sie ein problemloser Versicherungsnehmer, der pünktlich seinen Beitrag entrichtet und obendrein kaum krank ist. Ich trage nun aber seit den Sommerferien ein schwieriges versicherungsrechtliches Problem mit mir herum, das auch in meinem Freundeskreis nicht geklärt werden konnte, so daß ich mich an Sie wenden möchte.

Im Sommer 1980 habe ich mit meiner Frau auf der Sonnenbergalm in Hippach Urlaub gemacht. Dort erkrankte ich halsmäßig derart geschwollen, daß ich trotz Schal und guten Rezepten der Sennerin nicht umhin kam, mich mit dem Arzt im Dorf in Verbindung zu setzen. Es ging tüt-tüt-tüt.... Mit anderen Worten. Der Arzt war nicht da oder selbst krank. Da saß ich nun hoch auf der Alm ohne Hoffnung auf ärztlichen Beistand. Ich wurde kreativ. Während meiner Rangerausbildung bei der Bundeswehr hatte ich gelernt, daß bei Halsschmerzen ein E i s schnelle Linderung bringt. Erinnert -getan.

Die Sennerin befragte ihre Kühlkiste und übergab mir ein frostfrisches Nogger-Eis von Langnese. Mit Transport-und Lagerkosten habe ich insgesamt 1,20 DM bezahlt, ausgelegt. Um diesen Betrag geht es nun. Ich bin sicher, daß Sie eine Übernahme der angefallenen Kosten nicht ablehnen werden, zumal ich Ihnen <u>kein</u> Schmerzensgeld in Rechnung stelle.

Die Hülle des Eises liegt geknickt bei mir im Schreibtisch und kann von Ihnen jederzeit als Quittung abberufen werden. Eine Erstattung in Briefmarken würde ich auch akzeptieren.

Mit immer noch leichten Schmerzen grüßt

Winfried Bornemann

Trotz vier Mahnschreiben und beigelegter „gelber Karte" war meine Versicherung nicht bereit, mir zu antworten und die entstandenen Kosten für meine Selbstheilung zu übernehmen. Deshalb war es verständlich, daß ich den Instanzenweg beschritt und die vorgesetzte Stelle um eine Vermittlung bat.

Verband der privaten
Krankenversicherung e.V.

Geschäftsführung

5 Köln 51

Bayenthalgürtel 26
Postfach 51 1040
Telefon (0221) [redacted]
Telegrammanschrift
Pekavauverband

Neue Tel. Nr. 3 76 10 61

Verband der privaten Krankenversicherung e.V. · 5 Köln 51 · Postf. 51 1040

Herrn
Winfried Bornemann
Am Fillerschloß 47

4504 Georgsmarienhütte

5. Juni 1981
Az.: 501/75 S/th

<u>Betr.:</u> Ihr Versicherungsverhältnis bei der Gisela Krankenversicherung a.G., München
<u>Bezug:</u> Ihr Schreiben vom 15. 5. 1981

Sehr geehrter Herr Bornemann,

daß es für Sie ein schwieriges und ärgerliches Problem ist, mit dem Sie sich nun schon geraume Zeit auseinandersetzen müssen, wollen wir gern zugestehen; versicherungsrechtlicher Natur allerdings ist es, so fürchten wir, wohl nicht. Nach den Allgemeinen Versicherungsbedingungen werden nur die Kosten einer medizinisch notwendigen Heilbehandlung durch einen niedergelassenen approbierten Arzt und ggf. auch einen Heilpraktiker sowie die ärztlich verordneten Arzneimittel erstattet. Bei dieser Definition des Versicherungsfalls können die Kosten für ein Langnese-Eis, auch wenn es noch so hilfreich gewesen sein mag, leider nicht übernommen werden. Die private Krankenversicherung begrüßt es angesichts der Kostenexplosion im Gesundheitswesen jedoch sehr, wenn Versicherte in geeigneten Fällen auch einmal * Hausmittel greifen, und bietet mit ihren Selbstbehaltsversicherungen Tarife an, die einem solchen Verhalten Rechnung tragen und erhebliche Beitragsersparnisse ermöglichen. Ihr Versicherer - dem wir eine Kopie Ihres Briefes an uns sowie unseres Antwortschreibens übermittelt haben - wird Sie in dieser Frage sicher gern beraten.

* zu einem

- 2 -

Vielleicht können wir zur Milderung der Ihnen entstandenen Auslagen wenigstens in gewissem Umfang beitragen, indem wir Ihnen Ihre Briefmarke wieder zurückschicken - selbstverständlich antworten wir auch ohne Rückporto!

In der Hoffnung, daß Sie den nächsten Urlaub unbehelligt von Halsschmerzen und anderen Mißlichkeiten verbringen können, verbleiben wir

mit freundlichen Grüßen

Die Geschäftsführung

i. A.

Sahmer

(Sahmer)

Landkreis Osnabrück

DER OBERKREISDIREKTOR

Landkreis Osnabrück · Postfach 25 09 u. 25 20 · 4500 Osnabrück

Herrn
Winfried Bornemann
Fillerschloß

4504 Georgsmarienhütte

Verwaltungsgebäude *OSNABRÜCK*
Straße
E.-M..Remarque-Ring 14
Dienststelle Amt für öffentliche Sicherheit und Ordnung
Auskunft erteilt: Herr Galling — Zimmer: III/10
Tel.-Vermittlung: (05 41) 34 71 — Tel.-Durchwahl: 347-429

Datum und Zeichen Ihres Schreibens

Mein Zeichen: 32.1-21 Gal/B

Kassenzeichen
bei Zahlung bitte angeben

Datum: 14.08.81

Heilpraktikererlaubnis/Arztwesen

Sehr geehrter Herr Bornemann!

In der oben bezeichneten Angelegenheit bitte ich, zwecks Klärung einiger Fragen, um Ihre Vorsprache an einem der unten genannten Sprechtage.

Mit freundlichem Gruß
Im Auftrage

Galling

KONTEN DER KREISKASSE OSNABRÜCK
Kreissparkassen
Osnabrück 201 269 (BLZ 265 501 05)
Bersenbrück 010 000 404 (BLZ 265 515 40)
Melle 100 214 (BLZ 265 522 86)

Stadtsparkasse Osnabrück 14 142
(BLZ 265 500 01)
Postscheckkonto Hannover 111 92 800
(BLZ 250 100 30)

SPRECHZEITEN
Mo. u. Do. 8.00 - 12.30 Uhr
Straßenverkehrsamt,
Veterinäramt u. Gesundheitsamt
Mo. bis Fr. 8.00 - 12.30 Uhr

TELEX
94684
lkosn d

Winfried

Bornemanns Briefmacken II

Ein gepflegtes Dankeschön für die Unterstützung an:

Michael Forster
Ronald Geyer
Siegfried Liebrecht
Rolf Lüke
Roland Mohrmann
Alfred Piepmeyer
Jochen Piepmeyer
Roger Schulte
Peter Seifried

und allen Beantwortern meiner unsinnigen Briefe

Kühl lagern. Bis 1992 wird Lesbarkeit garantiert, dann allmählicher Zeilenverfall. Buch darf nicht vererbt werden (§ 16 Erbmassegesetz).

INHALTSVERZEICHNIS

Briefe

aus dem Lustschloß

12.3.83

Winfried Bornemann
4504 Georgsmarienhütte
Fillerschloss

Heinz G. Günther/Heinz G. Konsalik

Siefenhovener Str. 27

5340 Bad Honnef 6

Sehr geehrter Herr Konsalik,

ich habe eben mal in Knaurs Prominentenlexikon nachgeschlagen und dort gefunden, daß Sie Ihren letzten Roman "Dame mit eigenem Wagen" im Jahre 1979 herausgebracht haben. Demnach kann ich davon ausgehen, daß Sie im Herbst 83 wohl wieder mit einer Veröffentlichung anstehen werden. Das paßt mir überhaupt nicht in den Kram, und ich will Ihnen auch sagen warum. Zum gleichen Zeitpunkt werden meine Briefmacken II erscheinen und ich hoffe insgeheim, daß sie ein Erfolg sein werden. Nun wissen wir beide aber, daß die Leute meist erst Ihre Neuerscheinungen kaufen, so daß mein Buch wohl weitgehend unbeachtet bleiben wird. Deshalb würde ich mich freuen, wenn Sie erst 84 ein neues Werk herausbringen würden. Ich meine auch, daß viele Menschen Ihre Bücher noch gar nicht ganz durchgelesen haben, so daß Sie sich ruhig Zeit lassen sollten.
Es würde mich sehr freuen, wenn Sie meinen Vorschlag akzeptieren könnten. Die ganzen Buchmärkte gehen kaputt, wenn sich die Autoren nicht besser absprechen.

Mit besten Grüßen

Winfried Bornemann

P.S. Falls sich Ihr Buch doch schon im Druck befinden sollte, wäre ich Ihnen sehr dankbar, wenn Sie mir schon mal den Titel mitteilen würden. Ich hätte dann schon ein Geschenk für meine Schwester.

HEINZ G. KONSALIK
ELISABETHENHOF
D-5340 BAD HONNEF 6

25.3.1983

Mein lieber, großer Kollege Bornemann ,

48 Stunden vor meinem Abflug nach China - wo ich nur eben mal nachsehen will, ob man dort Konsalik deutlich in die Schaufenster der Buchhandlungen stellt - will ich Ihnen auf Ihren erschütternden Brief vom 12.3. antworten.

Seien Sie gewiß ... Ihre an eine griechische Tragödie erinnernde Klage hat die tiefsten Falten meines Herzens ausgefüllt und eine wahre Erschütterung hinterlassen.

Natürlich ist mir klar, daß Ihr neues Buch ein Kulturereignis ersten Ranges sein wird, das zumindest für die nächsten Jahrzehnte das literarische Gesicht unserer Zeit maßgebend beeinflussen kann. Aus dieser Erkenntnis heraus habe ich sofort meine sämtlichen Verleger im In-und Ausland, von Island bis Neuseeland, von Finnland bis Feuerland (und es sind immerhin 43 Verleger) mit Fernschreiben dringend gebeten, in diesem Jahr keinen Konsalik zu bringen, um der Bornemann'schen Heilsbotschaft nicht im Wege zu stehen.

Abgesehen davon, daß es für Antworten noch zu früh ist , da die Verleger diesen Schock erst überwinden müssen,und ich also noch keine positiven Reaktionen melden kann, befürchte ich , daß einige Verleger ihre besten Ärzte nach Deutschland einfliegen lassen werden, um mich zu untersuchen. Aber auch das werde ich überstehen in Anbetracht des großen kulturellen Auftrags, den Sie mir weitergegeben haben und der jedes Opfer wert ist .

Warten wir also ab, was sich da in den nächsten Wochen alles tun wird... aber auch wenn es nicht möglich sein sollte, die Konsalik- Produktion anzuhalten - denken Sie an einen Hochofen : Wenn er ausgeht, wie schwer ist es, ihn wieder anzublasen !- ich selbst werde mit großem Eifer Ihr epochales Werk verfolgen und jedem sagen : Wer Bornemann nicht kennt, braucht Konsalik gar nicht erst zu lesen !

Zufrieden ? Wir Kollegen müssen eben fest zusammenhalten - das ist es !

Viel Glück wünsche ich Ihnen für Ihr einmaliges zeitdokumentarisches Werk, das in die Rocktasche jedes denkenden Menschen gehört wie ein Scheckbuch .

Mit den besten Grüßen

I h r

PS.: Zur Information für Ihre liebe Schwester : Es ist tatsächlich ein neues Buch im Druck, das -falls wir es nicht stoppen können (siehe oben) im September erscheint und " Ein Kreuz in Sibirien " heißt. Bei Bertelsmann kommt's 'raus ....

BANKKONTO: SPARKASSE BAD HONNEF NR. 106 948 · TELEFON (0 22 24) 8 02 10

14.1.83

Winfried Bornemann
Fillerschloss

An die
Bayrische Staatskanzlei
Herrn Ministerpräsident Strauß
Postfach
8 MÜNCHEN 22

Betr.: Friedensnobelpreis

Sehr geehrter Herr Ministerpräsident Strauß,

bei einem internen politischen Frühschoppen mit Freunden kamen wir zwangsläufig auch auf Ihre Person zu sprechen. Dabei stellte ein "Grüner" die infame Behauptung auf, daß Sie vom Konsul Weyer den Friedensnobelpreis hätten angeboten bekommen.
Ist an dieser Sache was dran? Ich bitte herzlichst um Auskunft!

Mit besten Grüßen
Winfried Bornemann

WINFRIED BORNEMANN FILLERSCHLOSS 4504 GEORGSMARIENHÜTTE

Der Bayerische Ministerpräsident

8000 München 22
Prinzregentenstraße 7
Tel. (089) 21651 · FS 05-23809

3. Feb. 1983

BMPr.-Am.

Herrn
Winfried Bornemann
Fillerschloß

4504 Georgsmarienhütte

Sehr geehrter Herr Bornemann!

Für Ihren Brief vom 14. Januar danke ich Ihnen. Man kann immer wieder nur den Kopf schütteln über gewisse Kreise des sogenannten Linkskartells, die selbst die absurdesten und dümmsten Lügen nicht scheuen, wenn es um meine Person geht. Ich bitte Sie, auf eine solche Agitation nicht hereinzufallen. Die ganze Behauptung ist frei erfunden und erlogen. Wenn Sie mir eine gerichtsverwendbare Eidesstattliche Erklärung darüber geben, werde ich gerichtliche Schritte gegen den Verleumder unternehmen.

Mit freundlichen Grüßen

Ihr

F. J. Strauß

Kommentar einer Personalie im STERN 15/1983:

Strauß war verborgen geblieben, daß es sich bei Winfried Bornemann um einen bekannten Witzbold handelt, der seit Jahren Prominente und Behörden mit phantasievollen Briefen bombardiert, um ihre Reaktion darauf zu testen.

8.3.83

WINFRIED BORNEMANN · FILLERSCHLOSS · 4504 GEORGSMARIENHÜTTE

Botschaft der Arabischen Republik Ägypten
z. Hd. Herrn Botschafter Ali Sirry
Kronprinzenstr. 2
53 BONN 2

Sehr geehrter Herr Botschafter, seine Excellenz,

ich hoffe, Sie werden mich verstehen. Ich bin Kaufmann und habe es im Laufe der letzten 25 Jahre zu einem ganz ansehnlichen Vermögen gebracht. Viele meiner Geschäftsreisen haben mich auch in Ihr Land geführt, und ich gebe unumwunden zu, daß ich eine große Sympathie für Ihr Land und seine Kultur hege. Inzwischen habe ich den Lebensabschnitt begonnen, wo man sich hin und wieder auch mal Gedanken macht, was passieren wird, wenn man von der Lebensbühne abzutreten hat. In diesem Zusammenhang hat sich bei mir der Wunsch verdichtet, mal in einer der großen Pyramiden Ihres Landes beigesetzt zu werden, die mich als Kaufmann und Touristen so oft haben innerlich erbeben lassen. Ich habe mich an Ort und Stelle davon überzeugen können, daß noch genügend Platz für meine Überreste vorhanden ist. Deshalb möchte ich auf diesem offiziellen Wege einmal bei Ihnen anfragen, welche Formalitäte und Kosten mit diesem meinem Wunsch verbunden wären. Außerdem interessiert mich die Frage, ob es unter bestimmten Umständen auch möglich sein wird, mich zu mumifizieren. Auf diese Weise wäre es meiner Familie auch später einmal freigestellt, mich wieder nach Deutschland zu überführen.
Bitte teilen Sie mir doch einmal die Gedanken Ihres Hauses zu dieser Frage mit.

Mit besten Grüßen

Winfried Bornemann

Botschaft
der
Arabischen Republik Ägypten

Herrn
Winfried Bornemann
Fillerschloß

45o4 Georgsmarienhütte

27.4.83

Sehr geehrter Herr Bornemann,

wir danken Ihnen für Ihr freundliches Schreiben vom 8.3.83, in welchem Sie Ihr Interesse an einer Bestattung in einer ägyptischen Pyramide bekunden.

Wir bedauern Ihnen mitteilen zu müssen, daß die Pyramiden sich nicht in einem Zustand befinden, der für die Aufbewahrung von sterblichen Überresten geeignet wäre.

Was Ihr Wunsch nach einer Mumifizierung betrifft, so müssen wir Sie auch hierin enttäuschen. Man ist bis heute noch nicht dem Geheimnis unserer Vorfahren, ihre Verstorbenen zu mumifizieren, auf die Spur gekommen. Es werden zwar vielerlei Versuche gemacht, aber bisher ohne endgültiges Ergebnis.

Wir bedauern sehr, Ihnen keine positive Auskunft geben zu können und verbleiben,

mit freundlichen Grüßen

A.-H. Ismail
Gesandter

Winfried Bornemann jun.

5.3.83

Vereinigung Deutscher
Elektrizitätswerke e.V.
Stresemannallee 23
6000 Frankfurt 70

Betr.: Eigener Atomstrom

Sehr geehrte Damen und Herren,

einem Fernlehrgang der Deutschen Studiengemeinschaft in Darmstadt und ein wenig eigenem know how darf ich es verdanken, daß ich den nächsten Monaten wohl so weit sein werde, eigenen Atomstrom zu erzeugen. Die Hauptschwierigkeit bestand nur darin, ein wenig angereichertes Uran zu bekommen, aber da haben mir ein paar Bezieheungen geholfen. Ich habe in erster Linie daran gedacht, meine eigenen Anlagen zu versorgen, eine Einspeisung ins öffentliche Netz ist vorerst von mir nicht vorgesehen. Von einem Bekannten habe ich nun gehört, daß man eine besondere Genehmigung benötigt, um eigenen Atomstrom zu erzeugen. Ist diese Information richtig? Außerdem würde mich noch die Frage interessieren, ob es wohl erlaubt sein wird, die abgebrannten Uranstäbe in den Mülleimer zu werfen, da ich vorerst noch Probleme mit der Wiederaufbereitung habe?

Mit besten Grüßen

Winfried Bornemann

 4504 Georgsmarienhütte Pillerschloss

VEREINIGUNG DEUTSCHER ELEKTRIZITÄTSWERKE | **VDEW**

HAUPTGESCHÄFTSSTELLE

Telefon: (0611) 6304-1
Fernschreiber: 411 284
Draht: Eltvereinigung
Bankkonto: 971 911
Dresdner Bank AG Ffm
(BLZ 500 800 00)
Postscheck: 7456-608 Ffm
(BLZ 500 100 60)
Gleitende Arbeitszeit:
Kernzeit von 9.00-15.00 Uhr
Stresemannallee 23
Postfach 700 947
6000 Frankfurt 70

neuer roman

Herrn
Winfried Bornemann
Fillerschloß

4504 Georgsmarienhütte

Ihr Zeichen	Ihre Nachricht vom	Unser Zeichen	☎ bei Durchwahl	Datum
	05. 03. 1983	Tr/Pi 228.91	(0611) 6304- 237	29. März 1983

Betr.: Eigener Atomstrom

Sehr geehrter Herr Bornemann,

Sie haben sich mit der Verwirklichung einer Heim-Kernstromerzeugungsanlage zweifelsohne viel vorgenommen. Abgesehen vom technischen und sicher auch kommerziellen Problem bei der Verwirklichung einer solchen Kleinanlage sind selbstverständlich umfangreiche rechtliche Vorschriften zu beachten.

In Beantwortung Ihres Schreibens teilen wir Ihnen mit, daß Sie gemäß der Verordnung des Bundesministers für Wirtschaft vom 21. Juni 1979 der "Verordnung über allgemeine Bedingungen für die Elektrizitätsversorgung von Tarifkunden" vor der Errichtung einer Eigenanlage dem zuständigen Elektrizitätsversorgungsunternehmen Mitteilung zu machen haben. Sie müßten sicherstellen, daß von Ihrer Eigenanlage keine schädlichen Rückwirkungen in das öffentliche Elektrizitätsversorgungsnetz möglich sind. Außerordentlich umfangreich sind die zu beachtenden gesetzlichen Vorschriften, wenn Sie diese Eigenanlage auf der Basis Kernenergie errichten wollen.

Zunächst dürfte es sicherlich für Sie bedauerlich sein, daß Sie an dem von Ihnen erworbenen Uran leider gemäß Art. 86 des Euratomvertrages kein Eigentum erwerben können; das Eigentumsrecht steht vielmehr allein der Gemeinschaft zu. Wir müssen Sie auch darauf hinweisen, daß gem. § 5 Abs. 2 AtG außerhalb der staatlichen Verwahrung niemand Kernbrennstoffe in unmittelbarem Besitz haben darf, es sei denn, daß er die Kernbrennstoffe mit der jeweils erforderlichen Genehmigung nach § 6 AtG aufbewahrt, in einer nach § 7 AtG genehmigten Anlage, z. B. in Ihrem privaten Kernrkaftwerk verarbeitet oder nach § 4 AtG berechtigt befördert. Es wäre deshalb sicherlich ratsam, sich bei den zuständigen Behörden um die entsprechende Genehmigung zu bemühen. Dabei gehen wir davon aus, daß Sie Ihr privates Kernkraftwerk noch nicht errichtet haben, da Sie ansonsten gemäß § 46 AtG mit einer Geldbuße von bis zu 100.000 DM zu rechnen haben. Vom unerlaubten Betreiben Ihrer Anlage müssen wir Ihnen ganz dringend abraten, weil dies gemäß § 327 StGB eine Freiheitsstrafe von bis zu 5 Jahren nach sich ziehen würde.

- 2

VDEW

Empfänger Winfried Bornemann, Fillerschloß, Georgsmarienhütte | Zeichen Tr/Pi | Zum Schreiben vom 29. März 1982

Betr.: Eigener Atomstrom | Seite 2

Wir wünschen Ihnen bei Ihren Bemühungen um eine Errichtungsgenehmigung nach § 7 AtG alles Gute, befürchten aber, daß Sie ähnliche Schwierigkeiten wie die kernkraftwerksbetreibenden Unternehmen unseres Verbandes haben werden. Im Rahmen des sehr komplizierten Genehmigungsverfahrens nach der Atomrechtlichen Verfahrensverordnung müssen Sie leider damit rechnen, daß Ihnen von engagierten Kernenergiegegnern deren ablehnende Haltung zur friedlichen Nutzung der Kernenergie auf die Weise zur Kenntnis gebracht wird, daß man Ihr privates Eigentum demoliert oder Ihre körperliche Integrität in verschiedener Hinsicht beeinträchtigt; mit derlei Mißhelligkeiten muß man heutzutage leider bei uns zulande rechnen. Obwohl wir Ihr Anwesen nicht kennen, müssen Sie u. E. überprüfen, ob der zur Verfügung stehende Raum zur Aufnahme des umfangreichen Schriftverkehrs der zahlreichen Gutachten und der Genehmigungsurkunden überhaupt ausreicht.

Auch bei Lagerung abgebrannten Kernmaterials - im Falle des von Ihnen ins Auge gefaßten Kleinstreaktors dürfte es sich nicht um Uranstäbe handeln - sind sehr strenge Vorschriften zu beachten, deren Einhaltung im übrigen auch international überwacht wird. Wir verweisen Sie auf Art. 77/81 des Euratomvertrages und auf den Vertrag über die Nichtverbreitung von Kernwaffen vom 01. 07. 1968, der von der Bundesrepublik am 04. 06. 1974 ratifiziert wurde. Danach besteht die Verpflichtung, Sicherheits- und Überwachungsmaßnahmen durch die internationale Atomenergieorganisation (IAEO) durchführen zu lassen. Die von Ihnen angesprochene Beseitigung radioaktiven Abfalls im Mülleimer brächte Ihnen gem. § 326 StGB eine Freiheitsstrafe von bis zu 3 Jahren ein.

Sie sehen aus Vorstehendem, daß "small" keineswegs immer einfach und "beautiful" ist.

Sollten Sie an weiteren Informationen zur friedlichen Nutzung der Kernenergie interessiert sein, möchten wir Sie auf die entsprechende Dokumentation der Bundesregierung verweisen, die demnächst in dritter Auflage durch das Bundesministerium für Forschung und Technologie herausgegeben wird.

Mit freundlichen Grüßen

VEREINIGUNG DEUTSCHER ELEKTRIZITÄTSWERKE
- VDEW - e. V.

i. A.

(Dr. Trenkler)

WINFRIED BORNEMANN · FILLERSCHLOSS · 4504 GEORGSMARIENHÜTTE

25.2.82

Verteidigungsministerium

Hardthöhe

5300 B O N N

Betr.: Stationierung von Pershing-Raketen auf meinem Grundstück

Sehr geehrte Herren,

den führenden deutschen Tageszeitungen habe ich entnommen, daß es Schwierigkeiten mit der Stationierung von Pershing - Raketen auf deutschem Boden gibt.
Als Staatsbürger, der die Bedrohung aus dem Osten ernst nimmt, halte ich es für meine Pflicht, Sie auf die Möglichkeit einer Stationierung von derartigen Waffensystemen auf meinem Grundstück aufmerksam zu machen. Ich will nicht verhehlen, daß mein eigenes Sicherheitsbedürfnis mir diesen ungewöhnlichen Schritt leichter macht. Der ungewöhnlich dichte Baumbestand auf meinen Anlagen (ca. 40 ha) sorgen für eine angemessene natürliche Tarnung der Raketen. Bitte prüfen Sie diesen Vorschlag ensthaft und lassen Sie mich umgehend wissen, wie Sie sich entschieden haben.

Mit freundlichem Gruß

Der Bundesminister der Verteidigung
Fü S III 1

Bonn, 30. April 1982
☎ (0228) 12- 95 56

Herrn
Winfried Bornemann
Fillerschloß

4504 Georgsmarienhütte

Betr.: Stationierung von PERSHING-Raketen auf Ihrem Grundstück
Bezug: Ihr Brief vom 25. Februar 1982, bei mir eingegangen am 15. April 1982

Sehr geehrter Herr Bornemann!

Ich danke Ihnen für Ihren Brief vom 25. Februar 1982 und die darin ausgedrückte Unterstützung für die sicherheitspolitischen Belange der Bundesrepublik Deutschland.

In der Tat berichtet die deutsche Presse ausführlich über die mit dem NATO-Doppelbeschluß verbundenen Einzelprobleme. Sie haben diesen Berichten aber auch entnehmen können, daß die PERSHING II - Systeme in Standorten der Bundesrepublik Deutschland disloziert werden sollen, in denen sich heute schon Raketensysteme befinden.

Ihr Angebot, Ihr ca. 40 ha großes Gelände für verteidigungswichtige Projekte zur Verfügung zu stellen, ist interessant. Ich wäre Ihnen daher dankbar, wenn Sie für eine ernsthafte Prüfung gegebenenfalls einen Grundbuchauszug und eine Katasterkarte 1:5000 zur Verfügung stellen könnten.

...

Postanschrift: Postfach 13 28, 5300 Bonn 1 | Telefon Vermittlung (02 28) 12-1 | Telex 0 886 575, 0 886 576 | Telefax (02 28) 12-5357 | Paketanschrift: Paketausgabe 5300 Bonn 7

- 2 -

Da Sie sich mit sicherheitspolitischen Fragen beschäftigen, lege ich Ihnen zwei Broschüren bei, die sich mit spezifischen sicherheitspolitischen Fragen befassen.

Mit freundlichen Grüßen
Im Auftrag

[signature]

personalien

Briefschreiber: Bornemann

Winfried Bornemann, 37, Hauptschullehrer in Georgsmarienhütte bei Osnabrück und Versender hintersinniger Briefe an Behörden (STERN Nr. 10/1982), hat sich in einem Schreiben an das Bundesverteidigungsministerium anheischig gemacht, ein privates Grundstück für die Stationierung von Pershing-Raketen zur Verfügung zu stellen. »Ich will nicht verhehlen«, heißt es in Bornemanns Juxbrief, »daß mein eigenes Sicherheitsbedürfnis mir diesen ungewöhnlichen Schritt leichter macht.« Ein Beamter des Ministeriums (Abteilung Fü S III) nahm die Offerte offenbar ernst und ließ den Lehrer – noch vor dem Bonner Machtwechsel – wissen: »Ihr Angebot, Ihr ca. 40 ha großes Gelände für verteidigungswichtige Projekte zur Verfügung zu stellen, ist interessant. Ich wäre Ihnen daher dankbar, wenn Sie für eine ernsthafte Prüfung gegebenenfalls einen Grundbuchauszug und eine Katasterkarte 1 : 5000 zur Verfügung stellen könnten.«

Stern 49/82

FRAKTION DER SPD

IM DEUTSCHEN BUNDESTAG

Herrn Winfried Bornemann

Fillerschloß

4504 Georgsmarienhütte

Fernsprecher 16/4711
Die Wahl dieser Rufnummer vermittelt den gewünschten Hausanschluß. Kommt ein Anschluß nicht zustande, bitte Nr. 161 (Bundeshaus-Vermittlung) anrufen.

5300 Bonn · Bundeshaus

den 1. April 83

Sehr geehrter Herr Bornemann,

bezüglich Ihrer Bereitschaft, auf Ihrem Privatgelände in Georgsmarienhütte die Stationierung von Raketen zuzulassen, darf ich Ihnen mitteilen, daß Sie langsam mit entsprechenden Vorbereitungen beginnen müssen. Wie ich aus gewöhnlich gutunterrichteten Kreisen der Hardthöhe höre, wird Ihnen bald eine Sammlung von Verordnungsblättern zugehen, aus denen die Maße, Gewichte und sonstigen Angaben der bei Ihnen zu stationierenden Systeme hervorgehen. Die Ihnen entstehenden Kosten können Sie entweder direkt über die "Flurschäden-Verordnung" oder indirekt über Steuerfreibeträge nach § 87 "Althausmodernisierung" absetzen. In diesem Zusammenhang darf ich Sie davon unterrichten, daß ich Sie (privat) für das Bundesverdienstkreuz vorgeschlagen haben.

Mit freundlichem Gruß

H. Cops

15.3.83

Winfried Bornemann jun.

BHAGWAN SHREE
Rajneesh Center
Oregon
U S A

Bhagwan Shree Rajneesh, geb. 11.12. 1931 in einem kleinen Dorf in Mittelindien, Studium, Professor für Philosophie und Religionswissenschaft an den Universitäten Raipur und Jabalpur, Niederlegung der Professur 1966, Vortragsreisen durch Indien, seit 1974 in Poona.

Seit seiner Erleuchtung im Alter von 21 Jahren widmet Bhagwan sein Leben *einem* Ziel: Bewußtmachung, Verwirklichung der wahren menschlichen Möglichkeiten der vielen Tausenden, die zu ihm kommen. Der Shree Rajneesh Ashram in Poona ist die größte spirituelle Kommune der Welt und gleichzeitig das größte Zentrum für Wachstums- und Selbsterfahrungsgruppen.

Dear Bhagwan,

only one sentence:

when should i come to YOU?

it would be possible to leave my home next month,
I hope to hear of you soon.

With best wishes

Winfried Bornemann

Western - Germany

4504 Georgsmarienhütte Silberschloss

RAJNEESH FOUNDATION INTERNATIONAL

Jesus Grove, Rajneeshpuram, Oregon 97741, USA
(503) 489-3301

March 31, 1983
902:rit:sug

Winfried Bornemann
Fillerschloss
4504 Georgsmarienhütte
WEST GERMANY

Beloved Winfried,

Love.

Thank you for your letter of March 15 to Bhagwan.

You are welcome to come and visit. Enclosed is our flyer with details of the various programs available.

We look forward to seeing you.

His blessings,

Sheela

Ma Anand Sheela
President

enc.

Winfried Bornemann Fillerschloss

25.1.81

Geschäftsleitung

PATENTEX GmbH.

Postfach

6000 FRANKFURT 1

Betr.: Patentex-oval /Verwechselung

Sehr geehrte Herren,

es gibt Briefe, die würde man lieber nicht schreiben. Dieser gehört dazu. Was ist mir das peinlich. Nun denn. Beginnen wir hemmungslos:
Meine Kenntnisse über Verhütungsmittel stammen aus der Zeit, als ich bei der Bundesmarine war. Eigentlich kannten wir nur eins, das von uns zusammen mit Kamm und Taschentuch die "Landgängerausrüstung" genannt wurde. In der Uniformjacke war extra ein kleines Täschchen für die "Dinger" vorgesehen. Das reichte. Damit kam man durchs Leben. Verwechselungen waren ausgeschlossen. Ganz anders heute. Verhütungsschaum gut und schön. Ist ja sicher auch ganz sinnvoll. Aber doch nur, wenn das Licht anbleibt.
Haben Sie denn nicht daran gedacht, daß es auch noch Menschen gibt, die ganz normal das Licht ausmachen und es anschließend auch aus lassen? Wir gehören dazu. Jetzt ahnen Sie sicher schon, was passiert ist. Genau.
Meine Freundin hat in der Dunkelheit danach das Schaumovulum Ihres Hauses mit meinem Rasierschaum verwechselt. Geschäumt hat beides. Weh getan soll es auch nicht haben.......Aber....wenn ich nun Vater werde? Sie werden sich rausreden. Kann ich eigentlich in diesem Falle meine Hausratsversicherung in Anspruch nehmen? Sie werden es wissen. Reklamationen kommen doch immer mal vor.
Mit versöhnlichem Gruß und ein bißchen Schaum vorm Mund Winfried Bornemann

WINFRIED BORNEMANN FILLERSCHLOSS 4504 GEORGSMARIENHÜTTE

Bis zur Beantwortung bleibt der Brief mein Eigentum-Gerichtsstand Osnabrück

Patentex
Gesellschaft m.b.H.

Marschnerstraße 8–10
6000 Frankfurt (Main) 1
Telefon (0611) 554307

Patentex-Gesellschaft m.b.H. · Marschnerstr. 8-10 · 6000 Frankfurt (Main) 1

Herrn
Winfried Bornemann
Fillerschloß

4504 Georgsmarienhütte

9. Februar 1981
Schm/s

Sehr geehrter Herr Bornemann,

vielen Dank für Ihr Schreiben vom 25.1.1981, mit dem Sie uns über Ihre damalige Situation informierten. Sicher ist richtig, daß auch in Sachen Liebe nicht alles uniform zugeht, denn das wäre doch langweilig! Die von Ihnen beschriebene Verwechslung können wir beim besten Willen nicht nachvollziehen, oder gibt es in der Zwischenzeit einen Rasierschaum in Zäpfchenform? Hier vielleicht noch ein Tip für zukünftige lichtlose Episoden: die Verwendung von Patentex oval muß nicht unmittelbar vor dem Verkehr erfolgen, da die Wirkung des Präparates nach dem Einführen mindestens für 1 Stunde besteht.

Nachdem uns nicht bekannt ist wie gut Sie mit Ihrem Versicherungsfachmann stehen, können wir Ihre Frage nur dahingehend beantworten, daß alle Versicherungen dann zögern, wenn es einen Schadensfall zu regulieren gibt.

Mit freundlichen Grüßen
PATENTEX GESELLSCHAFT MBH

HRB Nr. 6488 Amtsgericht Frankfurt (M)
Geschäftsführer:
Dr. Rolf D. Beutler, Ulrich R. Schmidt
Deutsche Bank AG., Frankfurt (M) Konto 340/1270
Postscheckkonto Frankfurt 18355-608
Telex: 4 14031

18.1.83

Winfried Bornemann
4504 Georgsmarienhütte
Fillerschloss

Franziskus Hospital
Harderberg

4504 Georgsmarienhütte 4

Sehr geehrte Damen und Herren,

als Mensch mit strammer Gesundheit muß ich zugeben, daß ich bisher selten ein Krankenhaus von innen gesehen habe. Bei der knappen Besuchszeit von Freunden ist mir lediglich in Erinnerung, wie die Patienten im frisch gemachten Bett und umgeben von Nelken und Hohem C der Genesung entgegenfieberten. Alles war steril und freundlich. Alles Fassade.
Ich will nicht länger mit meinem Anliegen hinter dem Berge halten.
Neulich hat mein Schulfreund Peter Kluwe -hier soll ruhig Roß und Reiter genannt werden - mir zugesteckt, daß nach der Besuchszeit in Ihrem Hause so einiges los ist.
So scheint es eine bewiesene Tatsach ezu sein, daß in der letzten Woche in Ihrem Hause ein Patient, obwohl er schon ans Bett gefesselt war, anschließend noch umgelegt wurde. Sie haben richtig gehört. Er wurde umgelegt.
Ich möchte diesen Fall nicht gleich an die, große Glocke hängen und der hiesigen Presse übergeben, sondern erst einmal Ihre Stellungnahme abwarten.
Was sagen Sie zu diesen massiven Vorwürfen meinerseits?
Was wird man in einem solchen Falle den Angehörigen übermitteln?
Den Namen des Patienten werde ich Ihnen natürlich nicht nennen. Nur soviel: er hatte vier Nierensteine und wurde außerdem an den Dardanellen operiert.

So weit für heute

Winfried Bornemann

Winfried Bornemann

FRANZISKUS-HOSPITAL · HARDERBERG

Franziskus-Hospital Harderberg · 4504 Georgsmarienhütte 4

Herrn
Winfried Bornemann
Fillerschloß

4504 Georgsmarienhütte

Bankkonten:
Kreissparkasse Osnabrück
(BLZ 265 501 05) Kto.-Nr. 204 909
Bank für Sozialwirtschaft GmbH, Köln
(BLZ 370 205 00) Kto.-Nr. 12 617/00
Postscheck:
Hannover 41 92-301

4504 Georgsmarienhütte 4
Tel.-Vermittlung (05 41) 56 01-0
Tel.-Durchwahl (05 41) 56 01-206

24.01.83 We/Wa

Sehr geehrter Herr Bornemann!

Wir haben Ihr Schreiben vom 19. Januar 1983 vorliegen. Sie stellen darin eine ungeheuere Behauptung auf, die von uns sehr ernst genommen wird. Wir möchten Sie jedoch bitten, diese Vorwürfe, die Sie gegenüber unserem Krankenhaus erheben, uns in einem Gespräch persönlich vorzutragen, damit wir diesen Vorwürfen nachgehen können.

Aus diesem Grunde wären wir Ihnen dankbar, wenn Sie zu diesem Gespräch nach hierhin kommen würden, den genauen Termin können Sie mit Unterzeichnetem abstimmen.

In Erwartung Ihres Anrufes verbleiben wir

mit freundlichen Grüßen
FRANZISKUS HOSPITAL
HARDERBERG

Wemhoff (Verwaltungsleiter)

WINFRIED BORNEMANN · FILLERSCHLOSS · 4504 GEORGSMARIENHÜTTE

28.1.83

Sehr geehrter Herr Wemhoff,

vielen Dank für Ihren Brief. Es war für mich als Hobbychirurgen auch erst nicht leicht zu verstehen, was sich da hinter den weißen Türen abspielen sollte. Ich habe meinen Freund sofort noch einmal angerufen und darf heute zur Sachlage folgendes erklären.

Ich bleibe dabei, daß der besagte Patient ans Bett gefesselt war. Weiterhin habe ich sorgfältig recherchiert, daß Sie den Patienten umgelegt haben. Ich glaube in die Innere Abteilung. Nur in einem Punkte ist mir ein kleiner Labskaus unterlaufen, das will ich unumwunden zugeben. Er werde nicht an den Dardanellen operiert – ein Tippfehler – sondern an den Mandeln. Verzeihung. Soweit der Sachstand.

Bitte überprüfen Sie die Dinge. Danach stehe ich gern zu einem klärenden Gespräch zur Verfügung.

Mit besten Grüßen

Winfried Bornemann

Winfried Bornemann
Briefmacker
Gag-Konsul der Republik Irland und
Nonsenschefunterhändler bei der KSZE

4504 Georgsmarienhütte-Fillerschloß · Telefon 05401/31379

FRANZISKUS-HOSPITAL · HARDERBERG

Franziskus-Hospital Harderberg · 4504 Georgsmarienhütte 4

Herrn
Winfried Bornemann
Fillerschloß 47

45o4 Georgsmarienhütte

Bankkonten:
Kreissparkasse Osnabrück
(BLZ 265 501 05) Kto.-Nr. 204 909
Bank für Sozialwirtschaft GmbH, Köln
(BLZ 370 205 00) Kto.-Nr. 12 617/00
Postscheck:
Hannover 41 92-301

4504 Georgsmarienhütte 4
Tel.-Vermittlung (05 41) 56 01-1
Tel.-Durchwahl (05 41) 56 01-2o6

ol. Feb. 1983 We/Kl.

Sehr geehrter Herr Bornemann !

Wir haben nicht die Absicht, den Schriftwechsel mit Ihnen fortzusetzen, stehen aber gerne zu einem Gespräch in unserem Hause zur Verfügung.

Sollten Sie ernsthaft Interesse an diesem Gespräch haben, so können Sie einen Termin mit Unterzeichnetem vereinbaren.

Mit freundlichen Grüßen
FRANZISKUS HOSPITAL
HARDERBERG

Wemhoff (Verwaltungsleiter)

Winfried Bornemann Fillerschloß 4504 Georgsmarienhütte 10.3.83

MODEL POOL

Salierstr. 10

4 Düsseldorf

Betr.: 6-8 Models für Schloßfeierlichkeiten

Sehr geehrte Damen und Herren,

hoffentlich gelingt es mir, Ihnen mein Vorhaben plausibel genug zu schildern, denn normalerweise kenne ich mich in Ihrer Branche nicht aus. Ihre Adresse habe ich übrigens von einem befreundeten Modefotografen in Düsseldorf, der schon öfter mit Ihnen zu tun hatte. Worum geht es?

Das Fillerschloß feiert Geburtstag. Die 200 Jahrfeier unseres Besitzes ist angesagt. Sie werden verstehen, daß so etwas gebührend gefeiert werden will. Aus diesem Grunde bin ich auf der Suche nach ein paar Überraschungen, die unseren Gästen ein wenig in Erinnerung bleiben sollen. Schließlich kommen einige aus dem Ausland, haben also eine weite Reise hinter sich und folglich Anspruch auf etwas Außergewöhnliches.

Ich habe bereits beim Konditor in Osnabrück eine Torte in Auftrag gegeben, die innen hohl ist und äußerlich das Schloß und die Nebengebäude zeigt. Viel Sahne und Zuckerguß. Möglich ist auch, daß wir damit ins Guinness Book kommen, aber darum geht es jetzt nicht. Innen hohl, wie gesagt. Diese Torte soll nun um 17 Uhr hereingetragen werden. Nach einem großen Tusch der heimischen Feuerwehrkapelle soll sich der Tortendeckel heben, und 6-8 wunderschöne Models Ihrer Agentur sollen der Torte entsteigen und sich dann unter die Gäste mischen. Ich habe das mal in einem amerikanischen Film gesehen. Und damit wir uns richtig verstehen. Die Damen sollen meine Freunde lediglich unterhalte. Mehr darf auf keinen Fall passieren, da auch die örtliche Geistlichkeit anwesend sein wird. Ich wäre Ihnen nun sehr dankbar, wenn Sie mir sowohl einen groben Kostenvorschlag als auch einen Katalog der Damen schicken könnten, damit ich schon mal meine Wunschmodels ankreuzen kann. Die Veranstaltung läuft am 15. und 16. Mai dieses Jahres.

Ich selbst fahre ab Montag in Kur, so daß einer meiner Angestellten mir dann den Katalog und den Kostenvoranschlag sofort nachschicken kann. Solche Sachen wollen von langer Hand vorbereitet werden.

Beste Grüße

Winfried Bornemann

Model Pool (0211) 573045/6

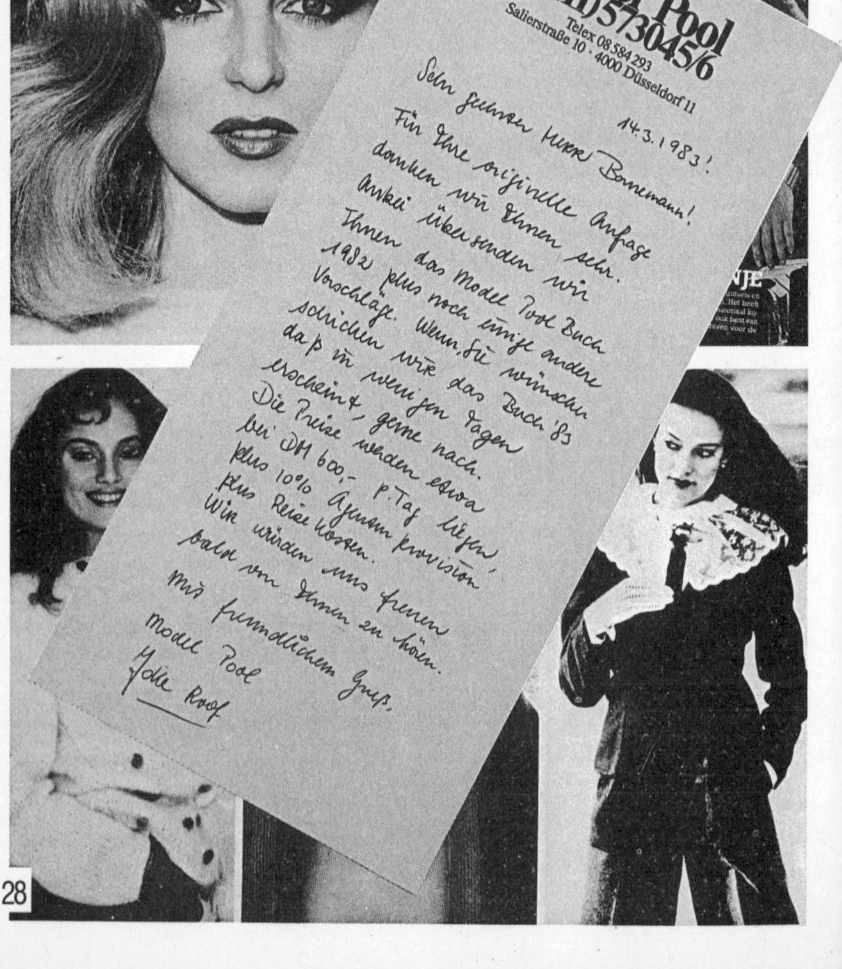

Model Pool
(0211) 573045/6
Telex 08 584 293
Salierstraße 10 · 4000 Düsseldorf 11

14.3.1983

Sehr geehrter Herr Bornemann!

Für Ihre originelle Anfrage danken wir Ihnen sehr. Anbei übersenden wir Ihnen das Model Pool Buch 1982 plus noch einige andere Vorschläge. Wenn Sie wünschen schicken wir das Buch '83 daß in wenigen Tagen erscheint, gerne nach. Die Preise werden etwa bei DM 600,– p. Tag liegen, plus 10% Agentur provision, plus Reisekosten. Wir würden uns freuen bald von Ihnen zu hören.

Mit freundlichem Gruß,
Model Pool
Jolle Roof

1.3.83

Winfried Bornemann

Herrn

Wirtschaftsminister Graf Lambsdorf

53 BONN

Sehr geehrter Herr Minister Lambsdorf,

ich habe Sie in den letzten Wochen vor der Wahl des öfteren im Deutschen Fernsehen gesehen. Dabei ist mir (und auch meiner Frau) aufgefallen, daß Sie abgespannt und ermüdet wirken. Nun muß ich zugeben, daß Ihr randvoller Terminkalender Ihnen wenig Zeit zum Entspannen läßt.

Ein guter Freund von mir will nun aus sicherer Quelle erfahren haben, daß Sie an einigen Abenden der Woche unterwegs sein sollen, um Versicherungen zu verkaufen. Außerdem soll es vorkommen, daß sie hin und wieder beim ADAC aushelfen, wenn viel zu tun ist.

Wenn ich auch vollstes Verständnis dafür habe, daß Sie einer Nebentätigkeit nachgehen, so glaube ich aber, daß Sie sich durch diese Doppelbelastung nicht voll auf Ihre politischen Aufgaben konzentrieren könnten.

Als Freund Ihrer Partei werden Sie verstehen, daß mich die Beantwortung dieser Frage in höchstem Maße interessiert.

Ich bitte um Auskunft, ob die Vermutungen meines Freundes zutreffen.

Mit besten Grüßen

W. Bornemann

WINFRIED BORNEMANN FILLERSCHLOSS 4504 GEORGSMARIENHÜTTE

DR. JUR. OTTO GRAF LAMBSDORFF

BUNDESMINISTER FÜR WIRTSCHAFT

Bonn, 17. März 1983

Herrn
Winfried Bornemann
Fillerschloss
45o4 Georgsmarienhütte

Sehr geehrter Herr Bornemann,

besten Dank für Ihren Brief vom 1. März 1983, den ich beantworten möchte, damit ich Ihre Besorgnis zerstreue.
Abgespannt und müde zu wirken, ist in der Zeit eines so aufreibenden Wahlkampfes sicherlich nichts aussergewöhnliches.
Die Vermutungen Ihres Freundes muss ich nun allerdings doch zurückweisen. Zeit, um Versicherungen zu verkaufen oder gar abends beim ADAC "auszuhelfen", habe ich nun tatsächlich nicht.

Mit freundlichen Grüssen
Ihr

Sehr geehrter Chef,
ich werde jetzt 12 und muß immer
für meine Eltern die Kartoffeln schälen.
Langsam habe ich keine Lust mehr dazu.
Deshalb habe ich nachgedacht, wie ich
da bloß rankomme. Vielleicht können
Sie mir da ~~bef~~ helfen. Wir haben
in der Schule durchgenommen, daß
Kartoffeln Augen haben. Nun mag ich
die Dinger nicht mehr schälen, weil
ich das Gefühl ~~hatte~~ habe, das ich denen
die Augen ausstech. Ich habe nämlich gehört,
daß, auch Pflanzen ein Gefühl haben.
Können Sie mir das bestätigen?
Ich will das dann meiner Mutter erzählen
damit sie dann nur noch Re Pell-
kartoffeln kocht. Es würde mich sehr
freuen, wenn sie meine Angst
auch teilen.

Viele Grüße
Winfried

Meine Adresse:
Winfried Bornemann
Ellerschloß
4504 G-M-Hütte

ARBEITSGEMEINSCHAFT KARTOFFELFORSCHUNG E.V.

SCHÜTZENBERG 10 · POSTFACH 23 · D-4930 DETMOLD

Winfried Bornemann
Fillerschloß

4504 Georgs-Marien-Hütte

4930 DETMOLD
TELEFON (0 52 31) 2 55 30
FERNSCHREIBER 09 35 851
SPARKASSE DETMOLD 22 905 (BLZ 476 501 30)

IHRE NACHRICHT VOM: UNSERE ZEICHEN: Nie/ba DATUM: 21.3.1983

Lieber Winfried,

vielen Dank für Deinen netten Brief, über den wir uns alle sehr gefreut haben.

Obwohl auch ich Kartoffelnschälen für eine weniger erfreuliche Tätigkeit halte und sehr gut verstehen kann, daß Du keinen Spaß mehr dazu hast, so läßt sich Deine Theorie von dem Schmerzempfinden der Kartoffeln beim Schälen doch nicht so ganz aufrecht erhalten. Sicher mögen auch Pflanzen ein Gefühl haben, da sie auch im gewissen Sinne Lebewesen sind, jedoch dürfte es sich dabei um ein anderes Gefühl wie bei den Menschen handeln.

Deine Idee, mehr Pellkartoffeln zu kochen ist allerdings nicht schlecht, da in der Regel Pellkartoffeln einen höheren Nährwert haben als geschälte Kartoffeln, weil beim Kochen weniger Vitamine verloren gehen. Aber nur Pellkartoffeln ist natürlich auch keine Lösung, so daß Du sicherlich ab und zu das Kartoffelnschälen übernehmen mußt, das Du sicherlich nicht nur für Deine Eltern, sondern ja auch für Dich selbst erledigst.

Daß das Kartoffelschälen nicht nur Dir schwerfällt, mag der Hinweis auf die Geschichte des Räubers Hotzenplotz zeigen, die Du ja sicher auch aus früheren Jahren kennst. Selbst dem großen Zauberer Petrosilius Zwackelmann ist es nicht gelungen die Schale wegzuzaubern. Er mußte sich extra einen Dienstboten anschaffen.

Mit den besten Wünschen für fröhliche Osterferien verbleiben wir

mit freundlichen Grüßen

ARBEITSGEMEINSCHAFT KARTOFFELFORSCHUNG e. V.

Niebuhr

Winfried Bornemann jun.

25.2.82

Finanzamt Osnabrück

Beratungsstelle

Postfach

45 OSNABRÜCK

Betr.: SAMENSPENDE

Sehr geehrte Damen und Herren,

verzeihen Sie mir die peinliche Frage:(ich mochte nicht persönlich erscheinen)
Muß ich mir im Falle einer Samenspende eine Spendenquittung geben lassen, um später die Gemeinnützigkeit dieser Sache anerkannt zu bekommen?
Ich bin von einer Dame mittleren Alters um diese Spende gebeten worden und möchte diesem Ansinnen sehr gern nachkommen, wenn mir daraus keine steuerlichen Nachteile entstehen.

Hochachtungsvoll

Winfried Bornemann

4504 Georgsmarienhütte Filterschloss

Finanzamt Osnabrück-Land

Az.: IX
(Bei jeder Zuschrift oder Zahlung bitte angeben)

Finanzamt Osnabrück-Land · Postfach 12 80 · 4500 Onabrück

Anschrift: Hannoversche Straße 12
4500 Osnabrück

Sprechstunden: Montag bis Freitag 9–12 Uhr

Bearbeiter: ....

Zimmer-Nr.: ....

Fernruf: (05 41) 58 42–1

Durchwahl: (05 41) 58 42–..........

Bankkonten: Landeszentralbank Osnabrück 265 015 01 (BLZ 265 000 00)
Kreissparkasse Melle 110 007 (BLZ 265 522 86)

Postscheck: Hannover 513 74-301 (BLZ 250 100 30)

Herrn
Winfried Bornemann
Fillerschloß

4504 GM-Hütte

Osnabrück, 30. April 1982

Betr.: Samenspende

Bezug: Ihre Schreiben vom 25.02. und 13.04.1982

Sehr geehrter Herr Bornemann!

Nach § 10 b EStG (Einkommensteuergesetz) sind bestimmte Ausgaben zur Förderung mildtätiger oder als besonders förderungswürdig anerkannter gemeinnütziger Zwecke als Sonderausgaben (Spenden) abzugsfähig.

Leider lassen Ihre recht kurzen Angaben keine eindeutige Stellungnahme zu. Wie Sie bereits andeuten, stellt in diesem Fall die Abwägung zwischen der gebotenen Zurückhaltung vor Ihrer Privatsphäre und den Erfordernissen einer erschöpfenden Aufklärung des Sachverhalts ganz besonders hohe Anforderungen.

Nach § 10 b Abs. 1 Satz 3 EStG gelten als Ausgaben auch die Zuwendungen von Wirtschaftsgütern (sog. Sachspenden), jedoch mit Ausnahme von Nutzungen und Leistungen. Wenn Ihre Bemühungen demnach als unentgeltliche Arbeitsleistung angesehen werden müßten, so könnte eine Ausgabe nicht angenommen werden. Falls

- 2 -

Sie jedoch auf Ihnen bereits zustehendes Arbeitsentgelt verzichten, bildet der Verzicht auf die Auszahlung eine Verfügung über Ihr Vermögen und damit eine Ausgabe (Spende). Ich stelle anheim, Ihre Darlegungen insoweit zu präzisieren, insbesonders den Umfang Ihrer Leistung anzugeben und auch Ihre persönliche Einschätzung mitzuteilen, ob Sie in Ihrer Spendenaktion eine Arbeit erblicken.

Eine Sachspende setzt außerdem voraus, daß das Wirtschaftsgut vor seiner Zuwendung zu Ihrem Vermögen gehört hat. Daran fehlt es nach Auffassung von Kommentatoren bei Bestandteilen des menschlichen Körpers, die beim Spenden entfernt werden und nach der Trennung unmittelbar in das Eigentum der entnehmenden Stelle gehen. Auf die Beurteilung Ihres Vermögens durch die Empfängerin der Spende kommt es dabei nicht an.

Obwohl nach Ihren Ausführungen mildtätige Beweggründe nicht von vornherein entfallen, zielt Ihre Frage wohl mehr auf die gemeinnützigen Aspekte der Spenden. Ich möchte nicht ausschließen, daß angesichts des stagnierenden Wachstums zumindest der einheimischen Bevölkerung Ihren Plänen gewisse gemeinnützige Momente nicht abzusprechen sind. Nur kommt es in diesem Fall ausschließlich auf die Gemeinnützigkeit des Empfängers der Spende an, der eine gemeinnützige Personenvereinigung oder Körperschaft sein muß. Dabei ist zu bedenken, daß eine Personenvereinigung im steuerlichen Sinne nicht die Ihnen vorschwebende Tätigkeit, sondern eine Gesellschaft ist, bei der die Gesellschafter Unternehmer (Mitunternehmer) sind. Nur vorsorglich weise ich darauf hin, daß bei Ihrem Vorhaben eine Personenvereinigung selbst dann nicht gegeben ist, wenn noch weitere Mitunternehmer beteiligt sein sollten. Gegebenenfalls müßten von Ihnen zur Unternehmereigenschaft der Spendenempfängerin nähere Angaben gemacht werden.

- 3 -

Auch eine Körperschaft mag sich der steuerliche Laie etwas anders vorstellen, als es nach den einschlägigen Vorschriften geboten ist. Da es sich überwiegend um Kapitalgesellschaften handelt, spielen sie hier keine Rolle.

Ich hoffe, Ihnen die steuerliche Problematik Ihres Vorhabens ein wenig näher gebracht zu haben. Falls Sie den Eindruck gewonnen haben, daß die Subsumtion einer so ganz und gar elemantaren Lebensäußerung unter die Steuergesetze allzu beschwerlich erscheint, bitte ich, die Komplikationen nicht Ihrem Finanzamt anzulasten, sondern Erleichterung beim Gesetzgeber zu suchen. Im übrigen können Sie sich stets vertrauensvoll und wirklich ohne Scheu an das Finanzamt wenden, da alle Ihre Verhältnisse durch das Steuergeheimnis geschützt werden.

In diesem Sinne möchte ich Sie freundlichst bitten, Ihre Einkünfte aus schriftstellerischer Tätigkeit, die Sie bisher erzielt haben und mit denen Sie in Zukunft rechnen können, dem Finanzamt mitzuteilen, damit aus Gründen der Steuergerechtigkeit Ihre Einkommensteuer in richtiger Höhe festgesetzt werden kann. Ihrer Antwort sehe ich bis zum 20.05.1982 entgegen.

Hochachtungsvoll
Im Auftrag

FINANZAMT OSNABRÜCK-LAND

(Heiser)

22.4.81

WINFRIED BORNEMANN · FILLERSCHLOSS · 4504 GEORGSMARIENHÜTTE

Edeltanne Käserei BOLZAU
Postfach 490

3200 HILDESHEIM 1

Vertraulich

Betr.: SCHIMMELKÄSE

Sehr geehrte Damen und Herren,
das ist doch echt Käse. Da liegt vor mir ein schnuckeliger und weitgehend geruchsfreier Schimmelkäse, der nicht richtig schimmeln will. Er liegt bei mir seit etwa zehn Tagen in Quarantäne im Küchenschrank. Er will einfach keinen Schimmelpelz ansetzen. Man kann ihn bis jetzt glatt für einen Harzer halten, wenn auch der sehr humane Duft diese Vermutung sofort widerlegt. Sie werden mein Anliegen für kleinlich halten und sagen. Käse ist Käse, bzw. Schimmel drüber. Mir geht es aber ums Prinzip. Sie wären ja auch enttäuscht, wenn Sie sich ein Pfund Zwiebeln kaufen und Ihnen später die Augen nicht tränen. Ich mache mir um diesen Käse ganz schön Sorgen. Woran mag das bloß liegen? Haben Sie etwa Milch verwendet, die nicht genügend abgestanden, bzw, abgehangen war? Ich habe Sie ja schwer im Verdacht.
Eine Frage: Kann ich den Käse denn trotzdem essen, auch wenn er nicht schimmlig sein sollte?
Wie lange ist denn die Inkubationszeit bei dem Käse, bis unwiderruflich mit Schimmel gerechnet werden kann?
Darf ich Ihnen den ganzen Käse denn zuschicken, falls er auch in nächster Zeit den Schimmelansatz verweigern sollte?

Mit schimmellosem Gruß

Edeltanne-Käserei - Theodor Bolzau KG

Edeltanne

Harzer Käse-Delikatesse

»Edeltanne«-Käserei Theodor Bolzau KG · Postfach 490 · 3200 Hildesheim 1

Herrn
Winfried Bornemann

Fillerschloß

4504 Georgsmarienhütte

Ihr Zeichen	Ihre Nachricht vom	Unser Zeichen	
		B/oh	3200 Hildesheim 8.5.81 Postfach 490 Bismarckstraße 13-15 Telefon (05121) 1 23 33 Telex 0927 134

Sehr geehrter Herr Bornemann!

Wir danken Ihnen, daß Sie unserem Edeltanne-Käse besonderes Interesse entgegenbringen.

Leider haben Sie uns keine Angaben gemacht, um welche Käsesorte es sich handelt.

Es gibt in der Gruppe Sauermilchkäse
1. einen Gelbkäse, vom TypHarzer
2. einen Schimmelkäse, der einen Schimmelrasen haben sollte,
3. einen Hausmacher-Handkäse, der einen ganz zarten Schimmelrasen auf einer krausen Oidien-Hefehaut bildet.

Die Bildung des Schimmelrasens ist schon vollendet, wenn der Käse bei uns zur Verpackung kommt.
Wenn der Käse in der Verpackung geschwitzt hat, und dann gekühlt wird, kann der Schimmel verkümmern.

Wir empfehlen Ihnen, den Käse in einer Käseglocke oder einem Plastikbeutel im Kühlschrank nicht unter +6 Grad zum Verzehr bereitzuhalten.

Senden Sie uns bitte den Einwickler des beanstandeten Käses zu, damit wir die Käsetype erkennen. Verwenden Sie bitte beiliegende Briefmarken zum Kauf eines Edeltanne-Käses, wir wünschen Ihnen dazu guten Appetit.

Eine Sortimentsliste unserer Käsetypen fügen wir Ihnen gern zur Information bei.

Mit freundlichen Grüßen

Edeltanne-Käserei
Theodor Bolzau KG.

Telegramm-Adresse: Bolzau Hildesheim - Postscheckkonto: Hannover 27 23-302
Bankkonto: Commerzbank, Hildesheim 21/93 001 - Bankleitzahl 259 400 33

Winfried Bornemann
Fillerschloss

6. 3. 82

Verband der Deutschen Uhrenindustrie e. V

z. Hd. Herrn Dr. Puhl

Wiedemannstr. 30

5300 BONN 2

Sehr geehrter Herr Dr. Puhl,

Ich bin Vorsitzender eines kleinen Zirkels, der sich mit human-philosophischen Fragestellungen und Problemen der Jetztzeit befaßt. Auf unserem letzten Kolloquium wurde sehr kontrovers die Frage diskutiert, welcher Sinn dem Uhrzeigersinn zuzurechnen sei. Anders gefragt: Können Sie uns den Uhrzeigersinn mittteilen? Ich möchte Ihre fachliche Stellungnahme auf unserem nächsten Treffen Ende März vortragen.

Mit besten Grüßen

Winfried Bornemann

WINFRIED BORNEMANN FILLERSCHLOSS 4504 GEORGSMARIENHÜTTE

VERBAND DER
DEUTSCHEN UHRENINDUSTRIE E.V.

Verband der Deutschen Uhrenindustrie e. V. · 53 BN-Bad Godesberg · Wiedemannstr. 30

53 BONN-BAD GODESBERG
WIEDEMANNSTRASSE 30
TELEFON (02221) 364717
POSTSCHECKKONTO:
FRANKFURT A. M. 102154-609

Herrn
Winfried Bornemann
Fillerschloss

4504 Georgsmarienhütte

IHRE ZEICHEN | IHRE NACHRICHT VOM | UNSERE ZEICHEN | TAG

Dr.P/Gä 15. März 1982

Sehr geehrter Herr Bornemann!

Nach Rückkehr von einer Reise fand ich Ihren interessanten Brief vor, den ich doch sofort beantworten möchte. Als praktischer Mensch und Nicht-Philosoph vermute ich, dass ursprünglich rein handwerkliche bzw. Konstruktionsgründe für die Festlegung des Uhrzeigersinns ausschlaggebend waren. Eine Kreisbewegung eignet sich halt am besten dazu, eine immer neue und immer währende Anzeige darzustellen. Ich muss zugeben, dass die Kreisbewegung - ursprünglich des Zeigers und später mehrerer Zeiger - einen Philisophen durchaus zu Reflexionen veranlassen kann. Der in sich geschlossene Kreis kann in philosophischer Sicht so etwas darstellen wie die ewige Wiederkehr oder die unendliche Zeitenfolge, wobei ja niemand von uns weiss oder wusste - nicht einmal Einstein - ob es nun wirklich einen Anfang und ein Ende gibt oder ob Raum und Zeit in sich geschlossen und unendlich sind. Die Spekulationen hierüber will ich doch lieber den Philosophen und Ihrem Zirkel überlassen.

Ob die Zeigerbewegung von links nach rechts herum ("im Uhrzeigersinn") eine philosophische Grundlage hat, weiss ich nicht. Wäre der erste Uhrenhersteller Linkshänder gewesen, dann würden wir möglicherweise heute einen entgegengesetzten Uhrzeigersinn verzeichnen... Es macht mich auch ein wenig stutzig, dass man neuerdings spiegelbildliche Uhren fertigt, wo sich also die Zeiger tatsächlich "andersherum" bewegen. Erstaunlich ist, dass Leute auf eine solche Uhr schauen und zunächst gar nicht merken, dass es eine Spiegelbilduhr ist, aber trotzdem ein unterbewusstes Unbehagen haben.

Ich füge Ihnen eine kleine, schon ältere aber zeitlose Broschüre mit dem Titel "Von UHR-sachen und Wirkungen" bei. Vielleicht ist Ihnen dieser oder jener Beitrag* für Ihr nächstes Treffen von Nutzen.

Mit freundlichen Grüssen
VERBAND DER DEUTSCHEN UHRENINDUSTRIE

(Dr. Puhl)

* s. S. 14

WINFRIED BORNEMANN
FILLERSCHLOSS
4504 GEORGSMARIENHÜTTE

Mrs. Margret Thatcher

Downing Street

LONDON /Great Britain

Dear Mrs. Thatcher,

I hope you can understand my english writing, but it is long ago since I went to school. I want to make it short.

My son Frank, who is now in the age of 14, is a fan of your person. Since this day he has big posters of the beatles and artists of the new german wave at the wall of his room.

Now he wants to change his pictures. He told me that it would be a heart-wish of him to have a picture of your person on his wall. I as his father promised him to write you this letter.

Would you be so kind and send him a card of your person with your own signification under it. He would be so proud.

With best wishes

Wenn Sie von mir am selben Tage mehrere Briefe erhalten, so ist dies eine Folge der maschinellen Postverarbeitung. Ein Aussortieren von Hand wäre teurer als mehrfaches Porto.

10 DOWNING STREET

14 March 1983

Dear Mr Bornemann

The Prime Minister has asked me to thank you for your recent letter and to send you, with her best wishes, the enclosed photograph.

Yours sincerely

Mr W Bornemann
Am Fillerschloss 47
4507 Georgsmarienhutte
WEST GERMANY

Winfried Bornemann   Fillerschloß   4504 Georgsmarienhütte   5.3.83

Goethe House New York
1014 Fifth Avenue
New York N.Y. 10028

Betr.: Ausstellung

Sehr geehrte Damen und Herren,

ich bin Objektkünstler und darf so bekannte Vertreter dieses Faches wie J. Beuys und Timm Ulrichs zu meinen Freunden zählen. Im Gegensatz zu meinen Kollegen stelle ich keine sächlichen Objekte aus, sondern einzig und allein mich selbst. Im Goethejahr wäre es deshalb ein besonderer Wunsch von mir, wenn ich mich bei Ihnen ausstellen dürfte. Als typischer Durchschnittsdeutscher. Das dürfte doch Ihr Publikum sicher interessieren. In der Tat sind meine Daten nicht von der Hand zu weisen: Mittlere Reife, mittelblond , mittlere Beamtenlaufbahn beim Finanzamt bis 82, Mittelscheitel , mittleres Einkommen . Sie können daran leicht ersehen, daß ich für diese Ausstellung hervorragend geeignet bin .
Als Referenz an das Goethejahr und Ihren Namensgeber würde ich mir noch ein paar FAUSThandschuhe anziehen. Bitte teilen Sie mir mit, ob Sie an einer derartigen Ausstellung interessiert sind. Ich würde ohne Honorar ausstellen, sondern lediglich die Übernahme der Flugkosten durch Ihr Institut erwarten.

Mit besten Grüßen

Winfried Bornemann

Goethe House New York – German Cultural Center

Programs

29. Maerz 1983
IvZ/ih

Herrn
Winfried Bornemann
Fillerschloss
4504 Georgsmarienhuette

Sehr geehrter Herr Bornemann,

Ihr Brief vom 5. Maerz 1983 hat uns wirklich gefreut, und Ihr interessantes Angebot, sich als Objekt - komplett mit Mittelscheitel und, zu Ehren des Goethejahres, sogar mit FAUSThandschuhen - der amerikanischen Kunstwelt darzubieten, koennte unserer Arbeit neue Aspekte verleihen.

Die Tatsache, dass Fausthandschuhe auf englisch "mittens" heissen, kaeme durch die Lautverwandtschaft Ihren so sorgfaeltig aufgezaehlten Mittelwerten entgegen. Nur wuerde die Reverenz, die Sie dem Goethejahr erweisen wollen, dabei nicht klar zum Ausdruck kommen, was wiederum vielleicht gar nicht so schwerwiegend waere, denn wir haben das Goethejahr bereits 1982 gefeiert. Haetten Sie produktive Vorschlaege fuer Luther, Wagner, Kafka oder gar Karl Marx?

Ein weitaus groesseres Hindernis auf dem Wege zu einem gemeinsamen Projekt ist (von Flugkosten ganz abgesehen) die Hausregel des Goethe House New York, Soloausstellungen nur in Zusammenarbeit mit einer angesehenen Galerie oder einem Museum zu veranstalten, die der Kuenstler selbst gewinnen muss. Das bedeutet also, dass die Ausstellung teils bei uns, teils in der Galerie oder im Museum gezeigt wird. Selbst, wenn Sie diese Huerde leicht ueberwinden sollten, woran wir nicht zu zweifeln wagen, stehen wir vor dem weitaus groesserem Problem der Objektteilung. Sicher koennte man den Mittelscheitel als Trennlinie nehmen. Schier unloesbar scheint uns jedoch die Frage, wie man das Objekt, in diesem Fall den Kuenstler selbst, nach beendeter Ausstellung wieder zusammenbaut. Wir schicken eine Ablichtung Ihres Briefes an die anderen Goethe-Institute, besonders an die Kollegen im Mittleren Westen, um die Moeglichkeit zu pruefen, ob dort vielleicht bessere Aussichten bestehen.

Mit den besten Gruessen,

Ingeborg v. Zitzewitz

Ingeborg von Zitzewitz
Ausstellungen

D/Region

1014 Fifth Avenue, New York, N.Y. 10028 • (212) 744-8310 / 744-8989 • Telex: WUI 666701

on the Museum Mile

14.1.83

Winfried Bornemann
Fillerschloss

Evangelische Aktionsgemeinschaft für Familienfragen
Meckenheimer Allee 162

5300 B O N N 1

Betr.: A u s k u n f t

Sehr geehrte Damen und Herren,

im Juli dieses Jahres erwartet meine Bekannte ein Kind von mir. Es stellt sich nun die Frage, ob dieses Kind unehelich geboren wird. Meine Freundin ist ledig, ich aber bin verheiratet. Ich bin der Meinung, daß unser Kind ehelich ist, weil ich ja verheiratet bin.
Ist meine Einschätzung der Sachlage richtig?

Hochachtungsvoll

WINFRIED BORNEMANN FILLERSCHLOSS 4504 GEORGSMARIENHÜTTE

Evangelische Aktionsgemeinschaft für Familienfragen

Ev. Aktionsgemeinschaft für Familienfragen · Meckenheimer Allee 162 · 5300 Bonn 1

Herrn
Winfried Bornemann
Fillerschloß
45o4 G-M-Hütte

PRÄSIDENT:
Prof. Dr. Dr. Siegfried Keil
BUNDESGESCHÄFTSFÜHRER:
Kurt Neumann

5300 BONN 1
Meckenheimer Allee 162
Telefon 0228/634791

Tag: 19. Januar 1983
N/ri

Sehr geehrter Herr Bornemann,

die EAF ist zwar nicht zur Rechtsberatung befugt, auf Ihre Anfrage vom 14. Januar 1983 kann ich jedoch mit einer schlichten Darstellung der grundsätzlichen Rechtslage antworten.

§ 1591 BGB lautet:

"(1) Ein Kind, das nach der Eheschließung geboren wird, ist ehelich, wenn die Frau es vor oder während der Ehe empfangen und der Mann innerhalb der Empfängniszeit der Frau beigewohnt hat; dies gilt auch, wenn die Ehe für nichtig erklärt wird. Das Kind ist nicht ehelich, wenn es den Umständen nach offenbar unmöglich ist, daß die Frau das Kind von dem Manne empfangen hat.

(2) Es wird vermutet, daß der Mann innerhalb der Empfängniszeit der Frau beigewohnt habe. Soweit die Empfängniszeit in die Zeit vor der Ehe fällt, gilt die Vermutung nur, wenn der Mann gestorben ist, ohne die Ehelichkeit des Kindes angefochten zu haben."

Da in dem von Ihnen geschilderten Fall die Mutter ledig ist, wird das Kind nichtehelich geboren. Daran ändert auch die Anerkennung der Vaterschaft durch Sie nichts. Das Kind führt den Geburtsnamen der Mutter.

- 2 -

Bankverbindung: Sparkasse Bonn Nr. 39685 BLZ: 38050000 · Postscheckkonto Köln 217208-507

- 2 -

Sofern Sie beabsichtigen sollten, die Mutter des Kindes später zu heiraten, so kann das Vormundschaftsgericht nach der Eheschließung auf Antrag die Ehelichkeit des Kindes feststellen.

Hochachtungsvoll

(Neumann)

Bei Fragen von solch schwerwiegender Tragweite und gesellschaftlicher Bedeutung empfiehlt es sich, gleich mehrere Experten zu Wort kommen zu lassen. In diesem Falle äußern sich vier weitere Kenner.

Der Autor

Für alle, die lieber erst einmal telefonieren wollen, hier ein paar gewichtige Rufnummern:

Wichtige Telefon-Nummern:

Juri Andropow	007/095-2 95 90 51
Ronald Reagan	001/202-4 56 14 14
Helmut Kohl	02 28-561
François Mitterrand	0 03 31-2 61 51 00
Bruno Kreisky	0 04 32 22-37 12 36
Elisabeth II.	0 04 41-9 30 48 32
Papst Johannes Paul II.	0 03 96-69 82
Menachem Begin	00 97 22-55 41 11

Bund der Familienverbände e. V.

(Familienarchive, Familienstiftungen)

Herrn
Winfried Bornemann
Fillerschloss
4504 G-M-Hütte

Vorsitzender: ~~Dr. Heinz F. Friederichs, Dehnhardtstraße 32, 6000 FRANKFURT 50, Telefon (06 11) 52 78 72~~

Geschäftsführer: Gisela Schimmelpfeng, Heddersdorf 44, 6437 KIRCHHEIM, Telefon (0 66 28) 3 05

Kirchheim, den 19.1.83

Sehr geehrter Herr Bornemann!

Vielen Dank für Ihre Anfrage vom 14.1.83.

Leider kann ich Ihnen nur dazu sagen, dass das Kind Ihrer Bekannten ein "uneheliches" Kind sein wird. Ich wüsste nicht, warum es ehelich sein könnte? Besteht doch mit Ihrer Bekannten keine Ehe.

Es gibt da überhaupt keine Möglichkeit, dass das Kind ehelich zur Welt kommt. Sie können zur späteren Zeit das Kind adoptieren und versuchen, dass Sie ihm den Namen des Vaters geben. Wir wuerden Sie dann zur gegebenen Zeit gerne beraten.

Es gäbe nur eine Möglichkeit, dass das Kind ehelich käme, wenn Sie persönlich es gebären würden, aber das ist ja noch nicht möglich.

Wir wünschen Ihnen alles Gute und besonders für das Kind, was davon betroffen ist.

Mit den freundl. Grüssen verbleibe ich

Gisela Schimmelpfeng
Geschäftsführung

Postscheckkonto Frankfurt 2860-607

Bund der Familienverbände e.V.
(Familienarchive, Familienstiftungen)

Vorsitzender: Hans Ahrendt
cand.jur.
Im Grund 7, 6932 Heddesbach
Tel.: (06272) 706

Ehren-Vorsitzender: Dr. Heinz F. Friederichs, Dehnhardtstraße 32, 6000 FRANKFURT 50, Telefon (06 11) 52 78 72

Geschäftsführer: Gisela Schimmelpfeng, Heddersdorf 31, 6437 KIRCHHEIM, Telefon (0 66 28) 3 05

Herrn
Winfried Bornemann
Fillerschloß
4504 G-M-Hütte

6932 Heddesbach, den 25.1.1983
Ah/s

Betr.: Ihre Anfrage vom 14.1.1983
Bezug: Antwort unserer Geschäftsführung vom 19.1.1983

Sehr geehrter Herr Bornemann!

Der Unterzeichnende bezieht sich auf den o.a. Schriftwechsel und kündigt eine weitere und notwendige schriftliche Aussage durch den Bund der Familienverbände e.V. an.

Wegen Überlastung ist der Unterzeichnende z.Zt. nicht in der Lage, rechtlich fundierte und vor allem schnelle Aussagen zu Ihrem Problem zu machen. Er hat deswegen den Justitiar des BdF gebeten, Ihren Fall zu überprüfen und eine entsprechende Antwort zu erstellen.

Sowie diese vorliegt, erhalten Sie wieder Nachricht.

Mit freundlichen Grüßen

Hans Ahrendt

(Hans A h r e n d t)
Vorsitzender

JOSEF UHLENBROCK
HÜTTENDIREKTOR I. R.

5650 SOLINGEN-OHLIGS, den 31. 1. 83.
Schloß Caspersbroich
Telefon (02122) 334450

Sehr geehrter Herr Bornemann!

Als ehrenamtlicher Justitiar des BdF nehme ich zu Ihrer Anfrage vom 14. 1. 83 Stellung.

Das Kind, welches Ihre Freundin im Juli 1983 erwartet, ist unehelich. Ihre Rechte und Pflichten als unehelicher Vater ergeben sich aus dem Gesetz über die rechtliche Stellung der unehelichen Kinder (abgedruckt im Bundesgesetzblatt vom 22.8.69).

Sie haben gegenüber dem unehelichen Kind vom Tage der Geburt an eine Unterhaltspflicht. Gemäß § 1615 c BGB richtet sich die Höhe des Unterhalts nach der Lebensstellung beider Eltern. Vor und nach der Schwangerschaft haben Sie gemäß § 1615 l BGB auch Ihrer Freundin Unterhalt zu gewähren. Auch die Entbindungskosten sind von Ihnen zu übernehmen (§ 1615 k BGB).

Nun kommt das Wichtigste, die totale Neuerung gegenüber der Zeit <u>vor</u> 1969! Gemäß § 1934a BGB hat das Kind einen Erbersatzanspruch gegen Sie, und zwar <u>neben</u> Ihren ehelichen Kindern und neben Ihrer Ehefrau. Denn Sie als Schloßbesitzer ein vermögender Mann sind, ist für das uneheliche Kind gut gesorgt.

Ich schlage vor, daß wir uns auf dem Bundestreffen des BdF in Eltville (vom 13.–15. Mai) eingehend über die Rechtslage unterhalten, und zwar unter Berücksichtigung Ihrer wirtschaftlichen und familiären Verhältnisse. Dann können wir auch die Frage besprechen, ob eine Adoption des unehelichen Kindes zweckmäßig ist oder nicht.

Mit freundlichen Grüßen!

Josef Uhlenbrock

FAMILIENBUND
DER DEUTSCHEN KATHOLIKEN

Bundesgeschäftsführung

Familienbund der Deutschen Katholiken · Adenauerallee 134 · 5300 Bonn 1

Herrn
Winfried Bornemann
Fillerschloß

4504 Georgs-Marien-Hütte

Adenauerallee 134
5300 Bonn 1
Telefon 0228 / 21 30 19

Datum 28. Jan. 1983
str-sch

Betr.: Ihre Anfrage vom 14.1.1983

Sehr geehrter Herr Bornemann,

das von Ihrer Bekannten erwartete Kind ist nichtehelich, weil zwischen Ihnen und Ihrer Bekannten keine Ehe besteht. Das ergibt sich eindeutig aus dem Bürgerlichen Gesetzbuch.

Das Gesetz ermöglicht allerdings, daß das erwartete Kind nach seiner Geburt auf Ihren Antrag für ehelich erklärt wird (§§ 1723 ff. BGB). Für die Ehelichkeitserklärung ist die Zustimmung der nichtehelichen Mutter des Kindes, also Ihrer Bekannten, erforderlich, solange das Kind minderjährig ist. Später, nach Eintritt der Volljährigkeit des Kindes, muß es selbst dazu einwilligen. Darüber hinaus muß zu dieser Erklärung auch Ihre Ehefrau einwilligen, weil damit Rechtswirkungen ihr gegenüber verbunden sind.

Ich hoffe, Sie haben hinreichend Antwort bekommen, und verbleibe

mit freundlichen Grüßen

(Maria Theresia Strauß)

Konten: 22 615 Pax-Bank e.G. Köln (BLZ 370 601 93) · 2100169013 Volksbank Bonn e.G. (BLZ 380 601 86)
und 237 24 - 802 Postscheckamt München

Winfried Bornemann
4504 Georgsmarienhütte
Fillerschloss

5.3.83

Italienische Botschaft
z.Hd. Herrn Botschafter Prof. Luigi Vittorio Ferraris
Karl Finkelnburg Str. 51

Sehr geehrter Herr Botschafter,

ich werde voraussichtlich im August für einige Wochen geschäftlich in Italien in der Nähe von Rom zu tun haben. Ich bin gerade dabei, die Details meiner Reise mit einigen Mitarbeitern durchzusprechen. In dieser Situation ist es wichtig, von Ihnen aus erster Hand zu erfahren, ob für diesen Monat bereits Streiks in Ihrem Lande geplant sind. Es würde mir auch reichen, wenn Sie mir eine Prognose geben könnten, in welchen Bereichen mit einem Streik im August gerechnet werden kann. Es wird dann für mich möglich sein, Alternativen in meine Planungen einzubauen.

Hochachtungsvoll

Winfried Bornemann

AMBASCIATA D'ITALIA

L'Ambasciatore

Bonn, den 09. März 1983

2911

Sehr geehrter Herr Bornemann,

in Beantwortung Ihres freundlichen Schreibens vom 5. März 1983 möchte ich Ihnen sagen, daß ich mich über Ihre Absicht, nach Italien zu reisen freue.

Ob im August in Italien Streiks stattfinden werden hängt von den Entscheidungen der Gewerkschaftsorgansiationen ab, da in Italien, ebenso wie in allen demokratischen Ländern, einschließlich der Bundesrepublik Deutschland, das Prinzip des Streikrechtes gilt. Ich glaube, daß es in keinem demokratischen Land vorhersehbar ist, ob und wann es zu Regierungswechseln, vorgezogenen Neuwahlen oder Streiks kommt.

Ich bedaure, Ihnen keine genauere Auskunft geben zu können und verbleibe

mit freundlichen Grüßen

Luigi Vittorio Ferraris

Herrn
Winfried Bornemann
Fillerschloß

4504 Georgsmarienhütte

OPEC
Ob. Donaustr. 93
1020 WIEN
Österreich

Betr.: Erdöl in meinem Garten

Sehr geehrter Herr Botschafter,

im letzten Sommer ist es mir durch Zufall gelungen, eine Erdölquelle auf meinem Grundstück zu erschließen. Nach der Freude über den ungeahnten Segen habe ich nun aber schwere Probleme bekommen. Ich weiß nicht mehr wohin mit dem schwarzen Gold. Die ganze Verwandtschaft ist inzwischen beliefert, meine eigenen Tanks sind randvoll. Alsich der SHELL die weiteren Bohrungsrechte übertragen wollte, habe ich noch nicht einmal eine Antwort bekommen. Die haben es inzwischen wohl nicht mehr nötig, sich um private Quellen zu kümmern. Ich werde die Sache wohl in die eigene Hand nehmen müssen. Zuerst erscheint es mir ratsam, der OPEC beizutreten. Deshalb möchte ich meine Anfrage an Sie mit der Bitte, mir doch einmal mitzuteilen, an wen ich mich da wenden muß. Vielleicht können Sie mir auch mitteilen, wie hoch derzeit die Mitgliedsbeiträge Ihrer Organisation sind.
Ich würde mich sehr freuen, wenn Sie mir ein paar Tips geben können.

Mit besten Grüßen

Winfried Bornemann

Winfried Bornemann
Fillerschloß
4504 Georgsmarienhütte

ORGANIZATION
OF THE PETROLEUM EXPORTING COUNTRIES
OBERE DONAUSTRASSE 93
1020 VIENNA II. AUSTRIA
TEL.: 26 55 110 CABLES: OPECOUNTRIES
TELEX: 134474

PI/LO/284/83/1338
27 April 1983

Mr. Winfried Bornemann
Fillerschloss
D-4505 Georgsmarienhuette
Federal Republic of Germany

Dear Mr. Bornemann,

Thank you very much for your letter of April 1983.

Concerning your request to join OPEC, please be informed that OPEC can only be joined by countries and not by individuals.

OPEC Member Countries are Algeria, Ecuador, Gabon, Indonesia, Iran, Iraq, Kuwait, Socialist Peoples Libyan Arab Jamahiriya, Nigeria, Qatar, Saudi Arabia, United Arab Emirates and Venezuela.

We are sending you, under separate cover, an Information Booklet and the Statute of OPEC, which we hope will increase your knowledge about our Organization.

Best regards,

Sincerely yours,

Zah

Hamid Zaheri
Head,
Public Information Department

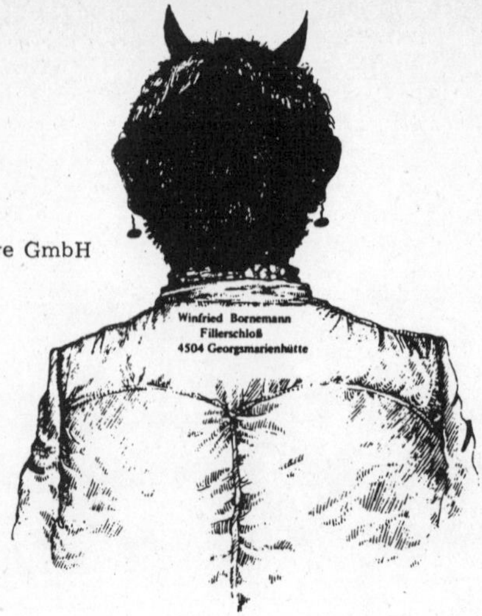

Colgate-Palmolive GmbH
Gard Haarstudio
Liebigstr.

2 HAMBURG 74

18.1.83

Betr.: <u>GUARD HAARSTUDIO</u>

Sehr geehrte Damen und Herren,

auf dem beigelegten Foto können Fachleute leicht erkennen, daß ich große Schwierigkeiten mit meinem Haupthaar habe. Es wurde mir schon von mehreren Seiten ans Herz gelegt, mich doch einmal im GUARD HAARSTUDIO anzumelden. Ist hiermit geschehen.
Ich bitte dringend um einen baldigen Termin. Bitte skizzieren Sie auch einmal kurz die zu erwartenden Kosten.

Mit besten Grüßen

P.S. Im Falle weiterer Haarverwirrungen ist damit zu rechnen, daß meine Verlobung in die Brüche geht.

COLGATE-PALMOLIVE GMBH

Werk und Verwaltung: Liebigstraße 2-12, 2000 Hamburg 74, Postfach 74 02 60
Telefon (040) 7 31 91, Telex 2 14158 cp hg d, Teletex 402053 = cp hg d
Telefax (040) 7319498, Telegramme Palmolive
Bahnsend.: HH-Billbrook Anschlußgleis bbn 40112008

Bank: Landeszentralbank Hamburg, Girokonto-Nr. 200 07 397 (BLZ 200 000 00)
Vereins- und Westbank AG, Konto-Nr. 1/06 294 (BLZ 200 300 00)
Postscheck Hamburg 149 53 - 204 (BLZ 200 100 20)

Herrn
Winfried Bornemann
Fillerschloß

4504 Georgsmarienhütte

Datum und Zeichen Ihres Schreibens	Unser Zeichen	Durchwahl (0 40) 73 19	Datum
14-1-1983	G1/MW/dw	336	21-2-1983

Sehr geehrter Herr Bornemann,

wie Sie aus der langen Zeitspanne zwischen Ihrem Schreiben und unserer Antwort ersehen können, haben Ihre Haarverwirrungen uns echte Kopfschmerzen bereitet.

Um Ihnen - auch im Hinblick auf die angedeuteten drohenden Konsequenzen in Ihrem Privatleben - wirklich wirkungsvoll helfen zu können, benötigen wir jedoch einige detailliertere Angaben zu Ihren Haarpflegegewohnheiten.

1. Welche Produkte verwenden Sie oder Ihr Friseur zu Ihrer Haarpflege?

	ja	nein
a) Shampoo		
b) Kurspülung		
c) Haarkur		
d) Haarfestiger		
e) Haarspray		
f) Kamm/Bürste		
g) Schere/Messer		

2. Welche Marke verwenden Sie überwiegend bei (a) bis (e) ?
   (Unsere Haarpflegeserie nennt sich übrigens G A R D)

3. Wie häufig lassen Sie Ihre Haare beim Friseur behandeln ?

	täglich	alle 2 Tage	2 x pro Woche	1 x pro Woche	häufiger
Ich gehe normalerweise zum Friseur:					

- 2 -

MA 333

Geschäftsführer: John H. Tietjen (Vorsitzender)
Anthony M. Dente, Klaus Hildebrandt, Michael S. Roskothen,
Hans Gottfried Schadow, Frank Schmidt, Dr. Detloff von Winterfeld,
Alfred Wolny, Douglas R. Wright.

Aufsichtsratsvorsitzender: Christoph Könneker

Amtsgericht Hamburg HR B 3220

Sie kennen sicherlich das aus Funk und Fernsehen bekannte ABBA-Lied:

"Schönes Haar ist Dir gegeben
laß es leben
mit Gard
gib ihm Liebe, gib ihm Pflege,
überlege:
nimm Gard.
Laß Dir keinen Tag entgehen,
laß Dich sehen mit Gard.
Schönes Haar ist Dir gegeben
laß es leben
und Du fühlst Dich gut
mit Gard".

Wir verwenden es übrigens auch in unserer Werbung. Könnten Ihnen diese Textzeilen nicht vielleicht allein schon ein wenig von der Beratung geben, die Sie sich von dem Besuch des G(U)ARD HAARSTUDIOS hier in Hamburg erhofften?

Wir hoffen sehr, Ihnen mit diesen Zeilen ein wenig geholfen zu haben, sehen Ihrer Rückantwort gerne entgegen und verbleiben

mit freundlichen Grüßen
Gard International Haarkosmetik
i.Hs. Colgate-Palmolive GmbH
- Marketing -

M. Wieduwilt

P.S. Zu unserer Entlastung überreichen wir Ihnen anbei Ihr Foto zurück.

Betr.: Gard Haarstudio

1.3.83

Ihr Brief vom 21.2. Ihr Zeichen: G1/MW/dW

Sehr geehrter Herr oder Frau Widmwilt,

zuerst meinen besten Dank dafür, daß Sie sich so intensiv um mein Haupthaar gekümmert haben. Neben den tröstenden Worten haben Sie mir ja auch ein paar Fragen gestellt, die ich erstmal beantworten möchte:

a. Shampoo ja – Gard Kräuter
b.c. und d. entfallen leider, also nein. (Mein Fehler?)
e. Haarspray (nur vor Hochzeiten oder Casinobesuch)
f. Kamm/Bürste (ja, reichlich)
g. Schere/Messer (nein, warum auch, das besorgt mein Frisör)

3. Zum Frisör gehe ich in der Regel alle 6 Wochen (auf Anordnung meiner Frau und meiner beiden Söhne)

Und noch etwas: Wäre es evtl. möglich, daß ich mal von Ihnen ein Bild bekommen kann, damit ich mir ein Urteil über Ihre Haare bilden kann?

Übrigens: ich bin im nächsten Monat in Hamburg. Ich kann dann ja mal eben bei Ihnen reinspringen und mich beraten lassen. Alles klar? Ich erwarte Ihre Antwort.

Mit besten Grüßen

Winfried Bornemann

Liebe Schauspieler,
ich habe gehört, daß ihr
wieder ein paar Sta-
tisten braucht. Wenn
ich das richtig weiß,
so sind das ja Leute, die
nur herumstehen und nichts
zu sagen haben. Das
trifft genau auf meinen Vater zu.

Könnt Ihr den gebrauchen.
Ich glaube er würde sich
riesig freuen, wenn er
diese Aufgabe ~~übernenehm~~
übernehmen könnte. Meldet
Euch mal.

Frank Bonemann 10 Jahre
Meine Adreße Frank Bonemann
Zillerschloß 4594 G-M-Hütte

städtische bühnen
osnabrück

Schüler
Frank Bornemann
Fillerschloß

4504 GM-Hütte

Osnabrück, 16. März 1983
Be/Ba

Lieber Frank,

über Deinen Brief haben wir uns alle sehr gefreut, wir wissen nur nicht, ob Dein Vater damit einverstanden wäre, wenn Du ihn uns als Statisten anbietest. Deshalb müßten wir schon vorher Deinen Vater fragen, ob er dazu auch Lust und Zeit hat. Da Du das mit den Statisten so gut weißt, nehme ich an, daß Du auch häufiger ins Theater gehst, was ich sehr schön finde. Vielleicht besprichst Du das alles noch einmal mit Deinem Vater, und wir würden Dich und Deinen Vater gern einmal einladen, um uns vor allen Dingen auch mit Dir bei einem Glas Sprudel und wenn Du magst auch bei einem Stück Kuchen zu unterhalten. Ich könnte mir vorstellen, weil ich auch einen Sohn in Deinem Alter habe, daß Du noch nicht allein von Georgsmarienhütte nach Osnabrück fahren darfst, so daß es auf jeden Fall besser wäre, wenn Dein Vater mitkommen würde. Wenn Du uns besuchst, werden wir Dir auch gern eine Freikarte für eines unserer Kindertheaterstücke geben.

Wenn Du mit Deinem Vater vorbeikommen willst, rufst Du mich vorher bitte an, damit wir hier auch einen Termin frei haben.

Herzliche Grüße auch an Deine Eltern

(Helmut Beckamp)

Verwaltungsdirektor
Durchwahl (05 41) 323 43 13/33 47

Geschäftsführung:
Intendant Dr. Erdmut Christian August
Generalmusikdirektor Heinz Finger
Verwaltungsdirektor Helmut Beckamp

4500 Osnabrück
Domhof 10/11
Postfach 41 04
(05 41) 323 43 10

Stadtsparkasse Osnabrück Konto 543 215
Kreissparkasse Osnabrück Konto 247 304
Deutsche Bank AG, Filiale Osnabrück, Konto 0 604 488
Postscheckkonto: Hannover 910 80

ronald geyer
lotze 33
34 göttingen

Sehr geehrter Herr Bundespräsident,

ich hoffe, Sie befinden sich nicht gerade auf einer Ihrer zahlreichen Geschäftsreisen, aber wahrscheinlich bleibt dieser Brief eh in einem Ihrer Vorzimmer hängen, so daß ich in meiner Begrüßung natürlich Ihren Persönlichen Referenten gleich mit einschließe.
Ihre Zeit ist knapp, meine auch.
Mein Anliegen: Wie in jedem Jahr, so werden sicherlich auch heuer wieder zahlreiche Bundesverdienstkreuze an ehrbare Bürger verliehen, die sich in irgendeinerweise um unser Vaterland verdient gemacht haben. Meine Wahl, und es wird wirklich höchste Zeit, ist auf einen gewissen Herrn Winfried Bornemann gefallen, seines Zeichens Gag-Konsul der Republik Irland, der sich nun schon seit geraumer Zeit um den Humor dieses unseres Landes verdient gemacht hat.
Sie können mir glauben, daß ich mir meine Entscheidung bestimmt nicht leicht gemacht habe (um eine stehende Redewendung zu benutzen), aber ich meine, ein kleiner Verdienstorden ist langsam fällig. Bitte aber nicht den "Wider des tierischen Ernstes". Nein, ich finde, es müßte schon etwas größeres, aber leichter tragbares sein. Wie wär es denn zum Beispiel mit dem "Schwerter für Pflugscharen" oder, falls der alle ist, würde es glaub ich auch schon der mit "Eichenlob" echt bringen.
Geben Sie sich bitte einen kleinen Ruck, denn in trostlosen Zeiten wie den unseren (steigende Arbeitslosigkeit, steigende Inflationsrate, steigende Umweltverschmutzung, steigende Müdigkeit, steigende Staatsverdrossenheit, steigende Gewinne usw.), sollten wir uns wenigstens noch die paar Humoristen bei Laune halten.
Vielleicht können Sie mir Ihre Entscheidung möglichst bald mitteilen oder zumindest den Erhalt dieses Briefes bestätigen, so daß ich merke, daß was im Busche ist.

Hochachtungsvoll

(Ronald Geyer)

BUNDESPRÄSIDIALAMT
ORDENSKANZLEI

Az.: OK/3/07c
(Bei Rückfragen bitte angeben)

Kaiser-Friedrich-Straße 16
5300 BONN 1, den 28. März 1983
Telefon: (0228) 200 212
(oder über Vermittlung 2001)
Telex: adbpn d 886393

Herrn
Ronald Geyer
Lotzestraße 33

3400 Göttingen

Betr.: Auszeichnung mit dem Verdienstorden der
Bundesrepublik Deutschland;
hier: Ordensrichtlinien

Sehr geehrter Herr Geyer!

Anliegend übersende ich Ihnen das Statut des "Verdienstordens der Bundesrepublik Deutschland" vom 08. Dezember 1955 (BGBl. I S. 749) sowie die Ausführungsbestimmungen hierzu vom 20. Dezember 1966 (GMBl. 1973 S. 16). Hieraus können Sie nähere Einzelheiten für eine Auszeichnung mit dem Verdienstorden entnehmen.

Das Vorschlagsrecht ist in Art. 5 des Ordensstatuts geregelt. Anregungen sind jedoch zweckmäßigerweise über die zuständige Kreisverwaltungsbehörde bzw. den Herrn Regierungspräsidenten dem Herrn Ministerpräsidenten des Wohnsitzlandes zu unterbreiten. Hierbei sind die Verdienste und Leistungen des Auszuzeichnenden für das Allgemeinwohl eingehend darzulegen.

Mit freundlichen Grüßen
Im Auftrag

Kessler

Anlage

Winfried Bornemann
Fillerschloss

Herrn

Bundespräsidenten Carl Carstens

Adenauer Allee 135

53 B O N N

Betr. Bundesverdienstkreuz

Sehr geehrter Herr Bundespräsident,

in unserer Familie hält sich nun schon seit Wochen das Gerücht, man habe mich für das Bundesverdienstkreuz vorgeschlagen. Ich will nicht leugnen, daß ich ein caritativ veranlagter Mensch bin, der mit milden Gaben gar spendabel umgeht. So würde ich mich nicht wundern, würde nicht aus allen Wolken fallen, wenn ich mein Kreuz bekäme. Schwierig wird es aber in einem anderen Bereich: was wird an Garderobe gewünscht an diesem festlichen Tag? Wer wird zu diesem Tage eingeladen? (machen Sie das eventuell?)
Schließlich: gibt es besondere Benehmensregeln, wie Handkuß u. g.?
Ich kann mir vorstellen, daß Sie mit solchen Fragen täglich konfrontiert werden.
Sicher können Sie mir einen kleinen Leitfaden übersenden.

Mit besten Grüßen

Winfried Bornemann

Winfried Bornemann - Fillerschloss - 4504 Georgsmarienhütte - Tel.: 05401/31379
Bis zur Beantwortung bleibt der Brief mein Eigentum Gerichtsstand Osnabrück

BUNDESPRÄSIDIALAMT
ORDENSKANZLEI

Az.: OK 3/04
(Bei Rückfragen bitte angeben)

Kaiser-Friedrich-Straße 16
5300 **BONN 1**, den

Telefon: (0228) 200 ... 210
(oder über Vermittlung 2001)
Telex: adbpn d 886393

Herrn
Winfried Bornemann
Fillerschloss

4504 Georgsmarienhütte

Sehr geehrter Herr Bornemann,

auf Ihre an den Herrn Bundespräsidenten gerichteten Zuschriften möchte Ihnen die Ordenskanzlei mitteilen, daß bis zur Stunde ein Ihre Persönlichkeit betreffender Ordensvorschlag hier nicht vorliegt.

Mit vorzüglicher Hochachtung

Ottinger

(Dr. Ottinger)

Winfried Bornemann - Fillerschloss - 4504 Georgsmarienhütte 7.3.83

Fußballclub
Bayern München
Vorstand

8000 MÜNCHEN

leider UNBEANTWORTET

Vertraulich

Betr.: KNÖCHELVERZEICHNIS

Sehr geehrte Herren vom Vorstand,

mein Interesse am Fußball geht schon bis in die ersten Schülerjahre zurück. Damals war ich noch aktiv am Fußballgeschehen beteiligt. Inzwischen bin ich in die Jahre gekommen und zu den passiven Fußballfreunden übergewechselt. Dennoch ist die innige Verbindung zum runden Leder nicht abgebrochen.
Ich habe vor drei Jahren damit begonnen, ein Register der spektakulären Fouls deutscher Fußballspieler in nationalen und internationalen Spielen anzulegen. Allerdings nur Bundesliga. Ich habe es genannt "Das KNÖCHELVERZEICHNIS der Deutschen Bundesliga". Ich glaube nicht, daß irgendein Mensch vorher schon mal etwas derartiges zusammengestellt hat. So kann man auf einen Blick die großen Fouls von Rummenigge oder Breitner in den Jahren von 79 bis heute ablesen. Eine derartige Zusammenstellung ist interessant für Sportmediziner und Trainer. Es sagt etwas über die Moral eines Spielers, es, ist gewissermaßen ein Charakterdiagramm des Spielers. Ich bin sicher, daß Sie an meinen Unterlagen interessiert sind. Es wäre sicher dann noch darüber zu sprechen, in welcher Höhe eine Honorierung meiner Bemühungen und Aktivitäten stattfinden kann. Vorerst geht es aber um die Frage, ob Sie generell an diesem Verzeichnis interessiert sind.

Mit sportlichen Grüßen

Wer ist Alfred Piepmeyer?

Auf der Suche nach einem wohlklingenden Pseudonym bin ich schließlich in der engeren Verwandtschaft fündig geworden. Ein sympathischer älterer Herr, der allerdings aus verständlichen Gründen seine Augen tarnen möchte.

ALFRED PIEPMEYER BIELEFELDER STR. 14 45 OSNABRÜCK

Landesarbeitsamt Niedersachsen - Bremen

Postfach 3747

3000 HANNOVER 1

Betr.: Offene Stelle 7.3.83

Sehr geehrte Damen und Herren.

ich weiß, daß alle Bürger unseres Landes aufgerufen werden, bei Ihnen jede offene Stelle zu melden. Das möchte ich hiermit tun. Neben meinem Haus befindet sich eine große offene Stelle im Ausmaß von etwa 4 x 6 Metern. Sie ist etwa 2,50 m tief. Bitte notieren Sie sich den Fall und sorgen Sie dafür, daß diese geschlossen wird. Ich glaube, daß damit mindestens zwei Mann, die vielleicht jetzt keine Arbeit haben, eine Woche beschäftigt sind. Auf diese Weise hoffe ich, daß ich (wenn auch nur einen kleinen Teil) meinen Beitrag zur Verringerung der Arbeitslosigkeit in diesem Lande geleistet habe. Ich wäre Ihnen sehr dankbar, wenn Sie mir mitteilen würden, wann in etwa mit der Arbeit begonnen werden kann.

Mit besten Grüßen

A. Piepmeyer

Hannover, den 18. März 1983

Sehr geehrter Herr Piepmeyer,

welchen Behördenweg auch immer Ihr Stellenangebot nimmt - Sie sollen wissen, daß einer (Unterfertigter) im Amt seine helle Freude an Ihrem Brief hatte.

Mit freundlichem Gruß

Ihr Jobst Ole [illegible]

Mit der Hoffnung, daß sich unsere gute Zusammenarbeit auch im nächste Jahr bewährt, verbinden wir Dank und beste Wünsche.
Nehmen Sie bitte die neue Fibel „was? wieviel? wer?" als ein kleines Zeichen für beides.

Mit freundlichen Grüßen
Ihr Arbeitsamt

gut beraten Bundesanstalt für Arbei

Landesarbeitsamt Niedersachsen-Bremen
Der Präsident

Bundesanstalt für Arbeit

Landesarbeitsamt Niedersachsen-Bremen, Postfach 3747, 3000 Hannover 1

Herrn
Alfred Piepmeyer
Bielefelder Str. 14
4500 Osnabrück

re Nachricht vom 7.3.83
hwahl 8004- 318
Datum 23.3.83
lein Zeichen Ib1 - 5053 -
(Bitte bei jeder Antwort dieses Zeichen angeben)

Betreff Beratung in Vermittlungsangelegenheiten

Sehr geehrter Herr Piepmeyer,

unter Bezug auf Ihr Schreiben vom 7.3.83 an die Bundesanstalt für Arbeit teile ich Ihnen mit, daß nach dem gesetzlichen Auftrag des Arbeitsförderungsgesetzes die Vermittlungstätigkeit der Bundesanstalt für Arbeit darauf gerichtet ist, Arbeitsuchende und Arbeitgeber zur Begründung von Arbeitsverhältnissen zusammenzuführen.

Sofern Sie - als Arbeitgeber - daran interessiert sein sollten, Arbeitnehmer im Rahmen eines Arbeitsverhältnis zu beschäftigen, möchte ich Sie bitten, mit dem Arbeitsamt Osnabrück, Johannistorwall 56, 4500 Osnabrück - das eine Durchschrift erhalten hat - in Verbindung zu treten, damit die notwendigen Einzelheiten zur Durchführung der Arbeitsvermittlung abgesprochen werden können.

Mit freundlichen Grüßen
Im Auftrag

Kowitz

Dienstgebäude	Telefon	Telex	Bankkonto	Postscheckkonto
Altenbekener Damm 82 Hannover 1	(0511) 8004-1 oder Durchwahl-Nr.	922722 laa d	25001651 Landeszentralbank Hannover BLZ: 25000000	26825-307 PSA Hannc BLZ: 25010030
		Telefax-Nr. (0511) 8004-357		

HAUPTSTELLE FÜR BEFRAGUNGSWESEN
Zweigstelle Hannover

3000 Hannover, den 18.04.83
Herschelstraße 3/4
Telefon 0511 / 32 62 71

Az.: - ohne -

Hauptstelle für Befragungswesen, Zweigstelle Hannover
[redacted] 3000 Hannover 1
Herschelstraße 3/4

Herrn
Alfred Piepmeyer
Bielefelder Str. 14

4500 Osnabrück

Betr.: Offene Stelle

Sehr geehrter Herr Piepmeyer,

Von der Bundesanstalt für Arbeit erhielten wir eine Kopie Ihres Schreibens vom 7.3.83. Die Hauptstelle für Befragungswesen ist eine bundesunmittelbare Behörde, die von anderen öffentlichen Einrichtungen des Bundes eingeschaltet wird, wenn sich im Umgang mit Bürgern besondere Probleme ergeben. Sehr häufig lassen sich diese Probleme nach Aktenlage lösen, in diesem Falle scheint es jedoch notwendig zu sein, Sie selbst zu befragen.
Folgende Fragen sollten von Ihnen noch beantwortet werden:

1. Haben Sie wirklich eine offene Stelle?
2. Durch welchen Umstand ist die offene Stelle entstanden?
3. Sind Sie in der Lage, das erforderliche Material zu stellen?
4. Beabsichtigen Sie, die Arbeitnehmer in der Sozialversicherung anzumelden?
5. Stehen entsprechende Maschinen zur Verfügung, so daß auch Behinderte diese Arbeiten ausführen können?

Damit dieser Vorgang wegen der besonderen Dringlichkeit bald abgeschlossen werden kann, bitten wir um baldige Beantwortung.

Im Auftrag
Dr. Graatz (O.Reg.Rat)

ALFRED PIEPMEYER   BIELEFELDER STR. 14   45 OSNABRÜCK

12.1.83

Automobilclub von Deutschland

Postfach 710166

6000 FRANKFURT 71

Betr.: Sonntagsfahrer

Sehr geehrte Damen und Herren,

meine Schwägerin will es mir nicht glauben. Ich habe ihr Vorhaltungen gemacht, weil sie als ortsbekannte Sonntagsfahrerin wiederholt auch an einem Wochentage mit dem Auto unterwegs gewesen ist. Ich bin der festen Überzeugung, daß man sich dadurch im Falle einer Verkehrskontrolle ein paar saftige Flensburger Extrapunkte einfangen kann. Mir erscheint es logisch, daß ein Sonntagsfahrer nicht auch innerhalb der Woche am Steuer sitzen darf. Ein wenig Muffe hat sie schon gekriegt, doch ich habe ihr versprochen, diese Tatsache noch einmal von höchst amtlicher Stelle bestätigen zu lassen. Nun sind Sie dran.

Mit besten Grüßen

A. Piepmeyer

Automobilclub von Deutschland e.V.

AUTOMOBILCLUB AvD VON DEUTSCHLAND

Automobilclub von Deutschland e. V. · Postfach 71 01 66 · 6000 Frankfurt 71

Herrn
Alfred Piepmeyer
Bielefelder Str. 14

4500 Osnabrück

Ihr Zeichen:	Ihre Nachricht vom:	Unser Zeichen:	Durchwahl	Datum
		RV/vo-si 5/83	6606 242	13. Jan. 1983

Betr.: Sonntagsfahrer

Sehr geehrter Herr Piepmeyer,

wir danken für Ihr Schreiben vom 12.1.1983, mit dem Sie ein sehr ernstes Problem angerissen haben. Ganz eindeutig darf ein Sonntags- fahrer nicht während der Woche fahren; deshalb heißt er ja so. Wird er während der Woche bei einer Fahrt ertappt, werden Punkte in das Flensburger Register eingetragen, und zwar richtet sich die Anzahl der Punkte nach der Entfernung der Tage vom Sonntag. So koste eine Fahrt am Samstag und am Montag einen Punkt. Am Freitag und am Dienstag 2 Punkte und am Donnerstag und am Mittwoch jeweils 3 Punkte Da jedoch eine große Anzahl von Autofahrern von dieser Punktebelastu betroffen sind, hat sich der AvD beim Bundesminister für Verkehr dafür eingesetzt, daß für den Fall, daß wieder ein Sonntagsfahrverbo verordnet werden sollte, gerade diese Sonntagsfahrer am Sonntag fahren dürfen, während alle anderen ihr Fahrzeug stehenlassen müssen

Wir hoffen sehr, daß wir als Interessenvertreter der Autofahrer hier ein gutes Werk getan haben und verbleiben

mit freundlichen Grüßen
AUTOMOBILCLUB VON DEUTSCHLAND EV
Abt. Recht und Verkehr

(E s c h m a n n)

Sitz: Postfach 71 01 66 Lyoner Straße 16 6 Frankfurt/M.-Niederrad
Telefon: (06 11) 6 60 61 **Verkehrshilfsdienst:** (06 11) 6 60 63 00 **Telex:** 04 11 237 **Telegramme:** Automobilclub Frankfurtmain
Postscheckkonto: Ffm. 84 29-604 (BLZ 500 100 60) **Bankkonten:** Deutsche Bank AG, Ffm. 790/0004 (BLZ 500 700 10) Dresdner Bank AG, Ffm. 5 101 219 00 (BLZ 500 800 00) Hardy-Sloman Bank, Ffm. 1 052 000 (BLZ 502 206 00)
Amtsgericht Ffm. VR 5

Alfred Piepmeyer   Bielefelder Str. 14   45 Osnabrück   5.3.83

Herrn Minister
Dr. Norbert Blüm
Bundeshaus

53 BONN

Sehr geehrter Herr Minister,

ich gehöre nicht zu den Menschen, die es sich zutrauen, Ihre politischen Aussagen zu bewerten. Dazu fehlt mir die Zeit und der Sachverstand. Ich höre einfach nur gern zu, wenn Sie reden. Engagiert, kraftvoll und immer den Mund voller blümiger Worte. So würde es mich einfach mal interessieren, wie Ihnen beispielsweise der Gag mit der Melkmaschine eingefallen ist. Sie wissen doch: der Unterschied zwischen der SPD und der CDU. Viele Gags stammen sicher auch noch aus der Zeit, als Sie bei Opel am Fließband standen.
Wird es bald ein Bändchen mit Ihren besten Sprüchen auf dem Buchmarkt geben, auf das sicher viele Fans von Ihnen schon lange warten? Der ehemalige Kultusminister Remmers von Niedersachsen hat vor kurzem ein solches Spruchwerk herausgebracht. Mit dem könnten Sie sich zusammentun. Wahrscheinlich fallen einem aber die besten Sprüche ein, wenn man es mit einem politischen Gegner zu tun hat.
Es würde mich sehr freuen, von Ihnen zu hören. Vielleicht ist es auch möglich, daß Sie mir ein kleines Bild von Ihnen mitschicken. Als Beweis für meine Frau, die Sie auch sehr mag und nicht glaubt, daß ich diesen Brief wirklich schreibe.

Mit besten Grüßen

A. Piepmeyer

Dr. Norbert Blüm
Bundesminister
für Arbeit und Sozialordnung

Bonn, den 31. März 1983

Herrn
Alfred Piepmeyer
Bielefelder Str. 14

4500 Osnabrück

Sehr geehrter Herr Piepmeyer,

manchmal gehört zum Lob mehr Mut als zum Tadel. Weil Sie es sich nicht leicht gemacht haben, mir zu schreiben und mir Ihre Sympathie zu zeigen, habe ich mich über Ihren Brief gefreut.

Das, was Sie an meiner Sprache freut, ist zumeist Produkt des Augenblicks, gewachsen aus Gesprächen vor allem mit Menschen, die noch reden, wie ihnen der Schnabel gewachsen ist. Ihre Anregung, meine "besten Sprüche" in einem Bändchen zusammenzufassen, werde ich mir durch den Kopf gehen lassen.

Ihrer Bitte, Ihnen ein Bild zu schicken, komme ich gerne nach. Sie erhalten es beigefügt.

Mit Dank für Ihre Geste der Kostenentlastung des Bundes in Form einer Briefmarke

mit freundlichen Grüßen

Ihr Norbert Blüm

Norbert Blüm

Rochusstraße 1 · Postfach 14 02 80 · 5300 Bonn 1 · Fernruf (02 28) 5 27-21 92 oder 21 93 · Telex 8 86 641 · Telefax (02 28) 5 27-29 65

ALFRED PIEPMEYER   BIELEFELDER STR. 14   45 OSNABRÜCK

14.1.83

Ständige Vertretung der Deutschen Demokratischen Republik

Godesberger Allee 18

53 B O N N 2

Betr.: <u>Besteigung des Brockens/Harz vom Osten her</u>

Sehr geehrte Damen und Herren,

in den letzten Monaten bin ich zum passionierten Bergsteiger geworden. Da noch kein Bergsteiger vom Himmel gefallen ist, habe ich mich erst den kleinen und mittleren Massiven meiner Umgebung zugewandt. Inzwischen gibt es keinen Gipfel des Teutoburger Waldes und auch des westlichen Harzes mehr, der mich nicht auf seiner absolut höchsten Stelle gesehen hätte.
Ein großer Brocken fehlt mir noch. Der Brocken als höchster Berg des Harzes. Ich möchte ihn im Februar von Osten her bezwingen und bitte um eine Genehmigung für dieses Vorhaben. Ich werde allein kommen und der Aufenthalt soll etwa 3 Tage dauern.
Ich bitte um Nachricht, welche Formalitäten ich zu erfüllen habe.

Mit freundlichen Grüßen

A. Piepmeyer

STÄNDIGE VERTRETUNG DER DEUTSCHEN DEMOKRATISCHEN REPUBLIK

- KONSULARABTEILUNG -

Herrn
Alfred Piepenmeyer
Bielefelderstr. 14-

4500 Osnabrück

5300 Bonn 2, 15.02.1982
Godesberger Allee 18

Sehr geehrter Herr Piepenmeyer!

Unter Bezugnahme auf Ihre Zuschrift teilen wir Ihnen mit, daß die Beantragung einer Einreise in die Deutsche Demokratische Republik als Tourist über ein Reisebüro in der Bundesrepublik Deutschland möglich ist.

Als Anlage erhalten Sie die Anschriften von einigen Reisebüros, die solche Anträge entgegennehmen und aufgrund einer vertraglichen Vereinbarung mit der Generaldirektion des Reisebüros der DDR bearbeiten.

Wir empfehlen, daß Sie sich in allen Fragen, die im Zusammenhang mit Ihrer Touristenreise stehen, an eines der genannten Reisebüros bzw. an eine ihrer Zweigstellen wenden.
Touristische Einreisen in das Grenzgebiet der Staatsgrenze zur BRD sind nicht möglich.

Mit vorzüglicher Hochachtung

Anlage

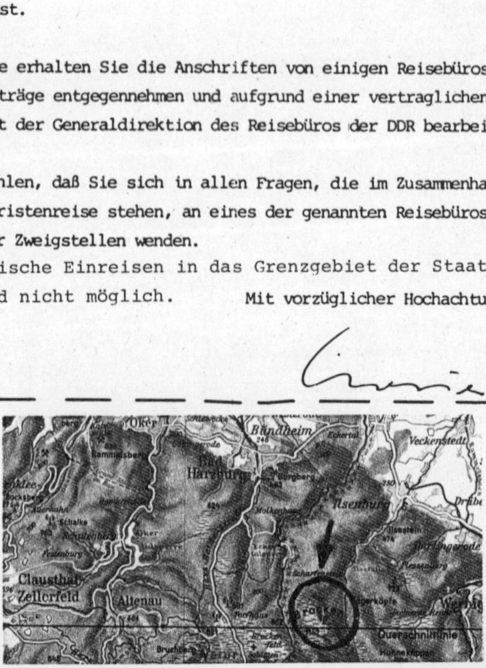

ALFRED PIEPMEYER BIELEFELDER STR. 14 45 OSNABRÜCK

14.1.83

Hochschulverband

Pressestelle

Rheinallee 18

5300 BONN 2

Sehr geehrte Herren,

meine eigenen Studienjahre liegen schon eine geraume Zeit zurück. Damals gab es an der Uni nur Professoren und Assistenten, die man leicht auseinanderhalten konnte. Mit Studienreform und Einführung des Bafög ist die Sache ja immer komplizierter geworden. Inzwischen gibt es einen Assistenzprofessor, wenn ich das richtig mitbekommen habe.
Das absolut neueste auf dem Professorenmarkt ist nach Meinung meines Sohnes nun der Mikroprofessor. So richtig wußte er auch nicht, für welche universitären Aufgaben dieser Mensch zuständig ist. .Wir haben Vermutungen angestellt, die ich Ihnen eigentlich gar nicht vortragen möchte: ein Professor, der ausschließlich per Mikrophon seine Vorlesungen hält. Oder. So etwas wie ein kleiner Professor zur Probe. Vermutungen haben ja oft auch etwas abwegiges. Deshalb mein Brief an Sie mit der Bitte um Aufklärung.

Mit freundlichem Gruß

A. Piepmeyer

Hochschulverband
PRESSESTELLE

Rheinallee 18
5300 Bonn 2 (Bad Godesberg)
Telefon: (02 28) 35 59 44

Herrn
Alfred Piepmeyer
Bielefelder Str. 14

45oo Osnabrück

Bei Antwort bitte angeben:

Az. I/321
2. Februar 1983

Sehr geehrter Herr Piepmeyer,

auf Ihre freundliche Anfrage vom 14. Januar 1983 teile ich Ihnen folgendes mit:

Sie haben recht, heutzutage ist der Übergang vom Studenten zum Professor - rein äußerlich gesehen - nicht mehr so gravierend wie wohl während Ihrer Studienjahre, die doch eine geraume Zeit zurückliegen mögen. Schon hinsichtlich des Alters ist es nämlich nicht immer leicht ersichtlich, wer was ist, da viele Studenten immer länger studieren und gleichzeitig immer jüngere Professoren anzutreffen sind.

Zu den jüngeren gehört nach den hier vorliegenden Unterlagen auch jener Hochschullehrer, nach dem Sie fragen. Professor Dr. Pit Speicher, ein äußerst integraler Mann, ist der bisher einzige Hochschullehrer für das "Kleine-" oder auch "Mikroprozessrecht" in der Bundesrepublik. Erst kürzlich wurde er noch als Bauer von H 2 nach C 3 übergeleitet, nachdem er seine Habilitation zum Thema "Die Bedeutung der Verwendung makrobiologischer Paranüsse bei mikrobiologischen Prozessen" abgeschlossen hatte.

Bei der Bezeichnung 'Mikroprofessor' handelt es sich demnach nicht um eine Amtsbezeichnung, sondern vielmehr um die Bezeichnung als Fachwissenschaftler (vergl. z.B. 'Kunstprofessor').

In der Hoffnung, Ihnen gedient zu haben, verbleibe ich

mit den besten Grüßen
Ihr

Bence Fritzsche

Bence Fritzsche M.A.
Pressechef

ALFRED PIEPMEYER BIELEFELDER STR. 14 45 OSNABRÜCK

Geschäftsleitung

MAUSER Werke

7238 Oberndorf

Sehr geehrte Herren,

ich habe seit Jahren einen nerventreibenden Streit mit meinem Nachbarn zur rechten. Neulich hat er mir gedroht, daß etwas Fürchterliches passieren werde, falls wir uns mal nachts begegneten. Da bin ich doch hellhörig geworden. Wenn man sich seiner Verantwortung gegenüber Frau und Kindern bewußt ist, kann man die Sache nicht einfach auf sich beruhen lassen und davon ausgehen, daß irgendwann wieder eine Beruhigung eintritt. Ich muß handelnd vorbeugen, das ist mir klar geworden. Sie ahnen wahrscheinlich schon, warum ich mich gerade an Sie als Waffenexperten wende. Ich suche nach einer Möglichkeit der Abschreckung. Ich denke dabei an einen kleinen raketenartigen Flugkörper, den ich von meinem Balkon aus abschießen kann, der einen begrenzten Schaden anrichtet und fast lautlos ins Ziel fliegt. So eine Art Mini-Pershing für die kleinen nachbarlichen Konflikte. Vielleicht doppelt so groß wie eine stattliche Sylvesterrakete, aber eben mit mehr Sprengkraft. Ganz dufte wäre es ja, wenn es dazu passend einen kleinen Neutronensprengkopf gäbe, der ja keinen sichtbaren Schaden am fremden Eigentum hinterließe. Ich könnte mir vorstellen, daß in Ihrer Entwicklungsabteilung schon mal so ein Ding entstanden ist. Vielleicht zur Gesellenprüfung oder so. Andererseits bin ich der Meinung, daß auf dem Felde der Kleinstraketen für kleine Streitereien auch für Sie eine ungeahnete Marktlücke liegen dürfte. Der Balkon oder das Kellerfenster als Abschußrampe. Die großen Raketen will doch bald keiner mehr haben, Sie sehen es ja an den Schwierigkeiten bei der Pershing Stationierung. Nun genug der Worte.
Ich bitte um eine Preisangabe mit Bild, falls Sie mir schon jetzt meinen Wunsch erfüllen könnnen. Mein Nachbar soll sich wundern.

Mit besten Grüßen

A. Piepmeyer

Mauser-Werke Oberndorf GmbH

Mauser-Werke Oberndorf GmbH, Postfach 1349 + 1360, 7238 Oberndorf

Herrn
Alfred Piepmeyer
Bielefelder Str. 14

45oo Osnabrück

Ihre Zeichen	Ihre Nachricht vom	Unsere Zeichen	Bearbeiter	Durchwahl-Ruf Nr.	Tag
		Pa/Ma	Panek	(07423) 70- 433	14.3.83

Betr.: Ihre Anfrage vom 5.3.83

Sehr geehrter Herr Piepmeyer!

Eine angemessene Antwort auf Ihre Anfrage zu geben, fällt uns nicht leicht, da die Intention Ihres Schreibens nicht ganz klar wird.

Sollte es sich bei Ihrem Schreiben um einen verspäteten Karnevals- oder einen verfrühten Aprilscherz handeln, so kann man nur sagen: Über Geschmack läßt sich nicht streiten.

Falls das Verhältnis zu Ihrem Nachbarn - wie von Ihnen skizziert - nicht gut-nachbarlich ist, so bedauern wir dies, glauben jedoch, daß die Verwirklichung Ihrer Idee nicht eine eigentliche Lösung des Problems mit sich bringen würde, sondern eher die Gefahr der Eskalation in sich birgt. Im übrigen enthält unsere Produktpalette nichts in der von Ihnen gewünschten Art.

Mit freundlichen Grüßen

MAUSER-Werke Oberndorf GmbH.

Panek

(i. V. Panek)

MWO 24007-5 80

ANSCHRIFT
Teckstraße 11, 7238 Oberndorf/Neckar

Vorsitzender des Aufsichtsrates: Dr.-Ing. Gerd Gassner
Geschäftsführer: Helmut Eppe (Sprecher).
Dr.-Ing. Michael Korn, Fritz Krempel, Klaus Schmitz (stellvtr.)
Handelsregister: Amtsgericht Rottweil HRB 182 Ob

TELEFON
(07423) 701

TELEGRAMME
Mauserwerke-Oberndorfneckar

TELEX
760307
760301 Waffensysteme
760314 Maschinenbau
760318 Jagdwaffen
760319 Meßtechnik

Osnabrück, den 16.1.83

Lieber Chef!

Ich heiße Alfred und wohne in Osnabrück. Ich habe einen kranken Hund. Ob ich Ihn wohl mit Lebkuchen wieder gesund kriege? Daß sagt ja schon der Name, das er davon wieder munter und lebendig wird. Darf er ein ganzes Paket auf einmal: Bitte schreiben Sie mir mal.

Viele Grüße von Alfred

Alfred Piepmeyer
Bielefelder Str. 14
45 Osnabrück

H · BAHLSENS KEKSFABRIK KG · HANNOVER

Schüler
Alfred Piepmeyer
Bielefelder Str. 19

45oo Osnabrück

1. Februar 1983
sty

Lieber Alfred!

Für Deinen Brief vom 16. Januar 1983 bedanken wir uns sehr. Leider können wir Dir nicht sagen, ob Dein kranker Hund durch Essen von Lebkuchen wieder gesund werden kann. Wir möchten Dir vorschlagen, vielleicht einen Tierarzt zu fragen, was Dein Hund für eine Krankheit haben kann, damit dieser ihm die richtige Medizin verschreibt.

Ich nehme an, Du glaubst, weil Lebkuchen mit der Silbe "Leb" beginnt, dieses "Leben" (gesund werden) heißen muß; das stimmt aber nicht. Wir haben aus alten Rezepten und Büchern herausgefunden, daß es nicht eindeutig zu beweisen ist. Die Historiker meinen, die Silbe"Leb" deute nicht auf Leben hin, sondern vermuten, daß es eine Ableitung von "Laib" = Brot sein kann und somit früher "Brotkuchen" zum heutigen Lebkuchen gesagt wurde.

Wir hoffen, daß Dein Hund in den inzwischen vergangenen 14 Tagen wieder quicklebendig ist und mit unserer Information und den beiliegenden Keksen (von denen Dein Hund sicher auch ab und zu ein Stück fressen darf) zufrieden bist.

Mit freundlichen Grüßen vom Chef der Qualitätssicherung

H. Bahlsens Keksfabrik KG
ppa.

Dr. G. Rohns

3 HANNOVER, PODBIELSKISTRASSE 11 · FERNRUF 62641 · FERNSCHREIBER: 0922252 · TELEGRAMM: KEKSBAHLSEN · DEUTSCHE BANK AG HANNOVER

Alfred Piepmeyer - Bielefelder Str. 14 - 45 Osnabrück

Deutscher Tierschutz
Informationszentrale
7506 Bad Herrenalb 3

18.1.83

Betr.: P u d e l m ü t z e

Sehr geehrte Damen und Herren,

mit unverhohlener Sympathie verfolge ich den Einsatz verschiedener Organisationen zum Schutz unserer Tierwelt. So habe ich weder Verständnis dafür, was alljährlich mit den Robben vor Kanadas Küste passiert, noch kann ich begreifen, wie man sich heute noch einen Leopardenmantel zulegen kann.
Eigentlich habe ich geplant, mir für diesen Winter eine Pudelmütze zuzulegen. Ich gebe zu, daß ich nicht frei von Gewissensbissen bin, obwohl ich weiß, daß die Pudel auf unserer Erde noch nicht so selten sind wie beispielsweise der Tiger oder das Nashorn.
Ich erwarte Ihren fachlichen und auch tierfreundlichen Rat.

Mit besten Grüßen

A. Piepmeyer

DEUTSCHER TIERSCHUTZ
INFORMATIONSZENTRALE E.V.

7506 Bad Herrenalb 3,
25.01.1983

Herrn
Alfred Piepmeyer
Bielefelderstr. 14

4500 Osnabrück

Betr.: Ihr Schreiben i. S. PUDELMÜTZE

Sehr geehrter Herr Piepmeyer,

humorig-freundliche Zuschriften sind im Tierschutz selten.

Würden sich alle Pelzfans vor der Anschaffung aus Tier-Produkten hergestellter Kleidung, wie Sie, informieren, könnten die kommerziell geprägten „Geier" keinem Verbraucher das Fell über die Ohren ziehen.

Zur Sache: Weil zahlreiche Pudel infolge der opferbereiten Liebesauswucherungen ihrer Freunde durch frühzeitige Arterien- und Herzverfettung einen sogenannten natürlichen Tod erleiden, besteht an Pudel-Mützen-Material kein Mangel. Keine Mini-, Mittel- oder Großpudel müssen deshalb leiden oder sterben, wenn sich Menschen mit Pudelmützen ausrüsten.

Sie können sich also bedenkenlos mit einer Pudelmütze vor der Kälte dieser Welt schützen.

Sollten Sie jedoch aus Sorge vor Anpöbelei notorisch oder pathologisch vermeckerter Tierfreunde dennoch Bedenken haben, hier noch ein Tip, wie Sie sich vor Motzerei emotionell überkandidelter Tierschützer bewahren können.

Ziehen Sie sich Ihre Pudelmütze soweit über Augen und Ohren, daß Sie selbst nicht mehr zu erkennen sind, aber gerade eben noch schielen und lauschen können. So sehen Sie, wenn ein Rüpel sein Maul aufreißt und können mit knurren und kläffen reagieren. (Vorher fleißig üben!)

Hiermit hoffen wir, Sie so wunschgemäß beraten zu haben.

Mit pudelmützen-freundlichen
Grüßen

(Werner Bentkowski)

ALFRED PIEPMEYER BIELEFELDER STR. 14 45 OSNABRÜCK

7.3.83

Deutsche Gesellschaft für
Zahn- Mund- und Kieferheilkunde
z.Hd. Herrn Dr. Tiegelkamp
Lindenmannstr. 94-96
4 Düsseldorf

Sehr geehrter Herr Dr. Tiegelkamp,

bitte entschuldigen Sie, daß ich Sie bei Ihren Geschäften störe. Ich will mein Anliegen deshalb auch kurz machen.
Ich bin in der letzten Woche bei meinem Zahnarzt gewesen, um mal wieder alles nachsehen zu lassen. Ich hatte keinerlei Beschwerden, nur so. Der Arzt hat alles durchgesehen und mir anschließend eröffnet: "Ihre Zähne, Herr Piepmeyer, sind in Ordnung......aber ihr Zahnfleisch muß raus." Mehr nicht. Ich sollte anschließend einen Termin mit der Sprechstundenhilfe machen, doch dazu ist es nicht gekommen, weil ich auf dem kürzesten Wege die Praxis verlassen habe. Was soll ich nun machen? Raten Sie mir, evtl. mal bei einem anderen Zahnarzt vorbeizuschauen? Ich weiß im Augenblick nicht weiter. Bitte geben Sie mir einen Rat.

Mit besten Grüßen

A. Piepmeyer

MEDIZINISCHE HOCHSCHULE HANNOVER

Poliklinik für Zahnärztliche Prothetik
Prof. Dr. T. Jung · Prof. Dr. A. Roßbach
Zentrum Zahn-, Mund- und Kieferheilkunde

MHH · Zahnärztliche Prothetik · Postfach 61 01 80 · D-3000 Hannover 61

Herrn
Alfred Piepmeyer
Bielefelder Str. 14

45oo Osnabrück

Ihre Zeichen	Ihre Nachricht vom	Mein Zeichen	Durchwahl - Nr.	Hannover
		Ju/ba	(0511)532-4775	2o. April 19

Sehr geehrter Herr Piepmeyer,

ich bestätige die Kopie Ihres Briefes vom 7.3.1983 an Herrn Dr. Tiegelkamp sowie die Kopie seiner Antwort vom 15.3.1983.

Falls Sie in unserer Klinik eine Beratung wünschen, bitte ich Sie, sich in der Aufnahmeabteilung vorzustellen. Als Mitglied einer Orts-, Betriebs- oder Landkrankenkasse benötigen Sie einen Krankenschein. Als Mitglied einer Ersatzkasse benötigen Sie eine Überweisung.

Der bei Ihnen zu erhebende Gebißbefund wird die Grundlage einer Beratung sein.

Mit freundlichen Grüßen

Jung

(Prof. Dr. T. Jung)

Dienstgebäude

Karl-Wiechert-Allee 9
Hannover-Kleefeld

ALFRED PIEPMEYER BIELEFELDER STR. 14 45 OSNABRÜCK

HOTEL-RESTAURANT

Weinhaus „Bopparder Hamm"

BESITZER KARL GRUNEWALD

Koblenzer Straße 202 BOPPARD AM RHEIN Telefon: 06742 - 2557

Gute Küche · Gepflegte Getränke · Schöne Fremdenzimmer
Eigener Weinbau Parkplatz am Hause

Bankkonto: Volksbank Boppard 1768

RECHNUNG Zimmer Nr. 3
für

Ankunft: 3.7.82 Abreise: 4.7.82

			DM
2	Übernachtung(en) mit Frühstück	27,-	54,-
	Halb-/Vollpension		
	Speisen		
	Getränke		
	Telefon		
2	Kurtaxe	0,80	1,60
	Gesamtbetrag		55,60

Betrag dankend erhalten

Datum: 3.7.82

Im obigen Rechnungsbetrag sind Bedienungsgeld und Mehrwertsteuer enthalten

5407 BOPPARD

Bundesrechnungshof
Der Präsident
Berliner Str. 51

6000 FRANKFURT 1

Betr.: <u>Überprüfung der beigelegten Rechnung</u>

Sehr geehrte Damen und Herren,

wenn man den Zeitungsmeldungen der letzten Monate Glauben schenken darf, sind Sie eine kritische und unbestechliche Instanz. Sie überprüfen im Auftrage der Bürger Rechnungen und scheuen sich auch nicht, im Falle von Unangemessenheit und Überhöhung dies sachlich festzustellen.
Dies veranlaßt mich, die beigelegte Rechnung bei Ihnen zur Prüfung vorzulegen.
Wie Sie leicht ersehen können, hat man mir zweimal die Kurtaxe in Rechnung gestellt, obwohl ich nachweislich mit einem Vespa Roller in Boppard unterwegs war.
Die Sache ist von mir erst jetzt entdeckt worden, als ich die Belege für das Finanzamt (Lohnsteuerjahresausgleich zusammengestellt habe.
Bitte geben Sie mir ein objektives Gutachten.

Hochachtungsvoll

Der Präsident
des Bundesrechnungshofes
Pr/Presse

D-6000 Frankfurt am Main 1, 26. Jan. 19
Berliner Straße 51
Fernsprecher: 2 17 63 43
Postfach 24 09

Herrn
Alfred Piepmeyer
Bielefelder Str. 14

4500 Osnabrück

Betr.: Überprüfung einer Hotelrechnung

Ihr Schreiben vom 19.01.1983

Sehr geehrter Herr Piepmeyer,

für Ihr Interesse an der Tätigkeit des Bundesrechnungshofes danke ich Ihnen. Sie gehen in Ihrem Schreiben offensichtlich davon aus, daß es dem Bundesrechnungshof möglich ist, grundsätzlich alle Lebenssachverhalte zu überprüfen. Der Bundesrechnungshof kontrolliert jedoch nur die Ordnungsmäßigkeit und Wirtschaftlichkeit der Haushalts- und Wirtschaftsführung des Bundes einschließlich seiner Sondervermögen und Betriebe. Ich sehe daher leider keinerlei Möglichkeit, die von Ihnen übersandte Hotelrechnung v. 03.07.1982 von hier aus einer Überprüfung zu unterziehen.

Ich empfehle Ihnen, sich an die Stadt Boppard zu wenden.

Mit freundlichen Grüßen
Im Auftrag

v. Gall

Wie bewerbe ich mich richtig?

5.3.83

WINFRIED BORNEMANN
FILLERSCHLOSS
4504 GEORGSMARIENHÜTTE

Festspielleitung der
Karl May Festspiele
236 Bad Segeberg

Betr.: Bewerbung als Indianer

Sehr geehrte Damen und Herren,

wenn ich es richtig sehe, gehen bei Ihnen bald die Proben für die diesjährigen Festspiele los. Ich könnte mir vorstellen, daß Sie da noch ein paar gute Indianer brauchen, zumal Pierre Brice wohl in diesem Jahr nicht mehr mitmacht. Ich habe alle Bände von Karl May gelesen und habe auch eine etwas rötliche Haut, so daß wohl keinerlei Probleme mit der Schminke bestehen dürften. Mein eigenes Pferd würde ich selbstverständlich auch mitbringen. Bitte geben Sie mir rechtzeitig bescheid, damit ich mich hier frei machen kann.

Mit besten Grüßen

Winfried Bornemann

Wenn Sie von mir am selben Tage mehrere Briefe erhalten, so ist dies eine Folge der maschinellen Postverarbeitung. Ein Aussortieren von Hand wäre teurer als mehrfaches Porto.

Klaus-Hagen Latwesen
- Intendant -
Schlüterstr. 8o a
2000 Hamburg 13
Tel.: 040 / 38 45 29
45 47 22

Kalkberg GmbH · Am Kalkberg 18a · 2360 Bad Segeberg

Karl May Spiele
Kalkberg GmbH
BAD SEGEBERG

Schirmherr: Landtagspräsident Dr. Lemke
Vors. des Aufsichtsrates: Bürgermeister Uwe Menke
Geschäftsführer: Holger Thede, Ernst Reher
HRB 200 Bad Segeberg
☎ 04551-57236-7545

Hamburg, den 6.4.1983

Sehr geehrter Herr Bornemann!

Die Kalkberg GmbH hat mir Ihren Brief gegeben. Ich weiß nicht genau, wie Sie sich das mit Pferd vorstellen, da Sie ja außerhalb von Segeberg wohnen, und da gibt es sicher auch noch das Geldproblem. Vielleicht rufen Sie mich einmal an.

Mit freundlichen Grüßen

Klaus-Hagen Latwesen

Ps.:

Foto zu meiner Entlastung zurück

Bankkonten: Kreissparkasse Bad Segeberg 44644 (BLZ 23051030)
Segeberger Volksbank 1573920 (BLZ 23091039)

15.3.83

Winfried Bornemann

Nationalgalerie

Potsdamer Str. 50

1000 Berlin 30

Betr.: Bewerbung als Wächter

Sehr geehrte Damen und Herren,

nach fast 20 jähriger Wanderschaft bin ich wieder auf das elterliche Anwesen zurückgekehrt und möchte mich nun wieder in den normalen Arbeitsprozess eingliedern. Böse Zungen sagen mir nach, ich sei die ganzen Jahre über als Penner durchs Land gezogen. Richtig daran ist nur, daß ich in der Tat sehr viel geschlafen habe. Ich bin inzwischen so ausgeruht, daß ich gerade diese Qualifikation für Sie nutzen möchte. Ein Wächter, der nie müde wird, den haben Sie doch sicher schon lange gesucht. Außerdem darf ich zugeben, daß mir natürlich selbst alle Tricks bekannt sind, wie man in ein Haus wie das Ihrige hineingelangt. Als Mann vom Fach habe ich also für diese Aufgabe viele Vorzüge, die Sie nutzen können. Zufällig bin ich in etwa 2 Wochen in Berlin, um einen alten Freünd zu besuchen. Ich könnte bei dieser Gelegenheit mal kurz bei Ihnan reinspringen. Bitte teilen Sie mir mit, bei wem ich mich zu melden habe.

Mit besten Grüßen

Winfried Bornemann

STAATLICHE MUSEEN
PREUSSISCHER KULTURBESITZ
BERLIN

NATIONALGALERIE

Potsdamer Straße 50
D-1000 Berlin 30 (Tiergarten)
Telefon (030) 2 662654 oder 2 66-6

den 23.März 1983

Nationalgalerie SMPK, Potsdamer Straße 50, D-1000 Berlin 30

Herrn
Winfried Bornemann
Fillerschloß

4504 Georgsmarienhütte

Sehr geehrter Herr Bornemann,

haben Sie Dank für Ihre freundlichen Zeilen, mit denen Sie sich um eine Anstellung als Nachtwächter bewerben.

Gegenwärtig gibt es jedoch hier bei der Nationalgalerie keine Vakanz. Ich habe Ihre Bewerbung aber noch weitergereicht an die Generalverwaltung, die für den gesamten Bereich von 14 Staatlichen Museen in Berlin zuständig ist.

Mit freundlichen Grüßen
Im Auftrag

(Dr. Peter Krieger)
- Oberkustos -

Wenn Sie Erfahrung haben im Verkauf, im Gespräch mit Kunden und solchen, die es werden sollen, und das in einem Arbeitsgebiet, das in jedem Unternehmen einen wichtigen Platz einnimmt in der Werbung —

Wenn Sie gern Ihre eigenen Ideen verwirklichen wollen, gern telefonieren, korrespondieren und sich im Markt umsehen — Wenn Sie dazu noch die wesentlichsten kaufmännischen Grundlagen beherrschen —

Dann können Sie bei uns als

Kundenkontakter(in)

oder als Verkaufs-Sachbearbeiter oder -bearbeiterin einen interessanten und gut bezahlten Wirkungskreis finden.

Unser Unternehmen ist in einem expandierenden Markt tätig: Direktmarketing, Direktwerbung.

Die Zugehörigkeit zu einem der größten Medien-Konzerne sichert Ihre soziale Position.

Bitte schicken Sie uns Ihre Bewerbung oder rufen Sie uns an, wenn Sie vorab noch Informationen wünschen.

RMA Rhein-Main-Adress
Direktwerbegesellschaft mbH
Siemensstraße 10, 6380 Bad Homburg, Tel.: 0 61 72 / 2 50 25

Winfried Bornemann Fillerschloß

RMA Rhein - Main - Adress
Direktwerbungsgesellschaft mbH
Siemensstr. 10
6380 Bad Homburg

Betr.: Bewerbung als Kundenkontakter - Ihre Anzeige in der FR vom 5.3.83

Sehr geehrte Damen und Herren,

just beim Frühstück habe ich Ihre Anzeige gelesen und sofort die Tasse aus der Hand gestellt. Schon lange nicht mehr hatte ich das zwanghafte Verlangen, mich sofort an die Maschine zu setzen. Deshalb werden Sie es mir nachsehen, daß ich noch nicht dazu gekommen bin, meine Zeugnisse und andere Unterlagen zus ammenzustellen. Das hat ja auch noch ein bißchen Zeit.
Ich bin ein sehr kontaktfreudiger Mensch und habe einen großen Freundeskreis. Außerdem bin ich ein Mann, der vorzugsweise seine eigenen Ideen verwirklicht, gern telefoniert (letzte Rechnung 316 DM) korrespondiert und sich mit Vorliebe auf dem Markt umsieht. Letzteres kann zum Leidwesen meiner Frau oft Stunden dauern. Außerdem beherrsche ich die wesentlichen kaufmännischen Grundlagen, hauptsächlich Prozentrechnung und Zinsrechnung. Das alles haben Sie auch in Ihrer Anzeige aufgeführt, woraus Sie sofort ersehen können, daß ich hervorragend für diese Aufgabe geeignet bin. Deshalb ist für mich schon heute klar, daß ich bald bei Ihnen anfangen werde.
In den nächsten Wochen bin ich zufällig in Frankfurt, so daß ich Zeit hätte, mal kurz bei Ihnen reinzuspringen. Schreiben Sie mir bitte, wo ich mich zu melden habe. Alle weiteren Einzelheiten könnten wir dann an Ort und Stelle besprechen.

Bis bald mit den besten Grüßen

RMA

Rhein-Main-Adress Direct-Marketing

Herrn
Winfried Bornemann
Fillerschloß

45o4 Georgsmarienhütte

17.o3.1983

Sehr geehrter Herr Bornemann,

vielen Dank für Ihre Bewerbung als Kundenkontakter.

Leider können wir Ihnen - auch nach nochmaliger Prüfung - heute keinen positiven Bescheid geben.
Wir dürfen Ihnen aber ausdrücklich bescheinigen, daß unsere Entscheidung gegen Sie nichts mit Ihrer fachlichen Qualifikation zu tun hat. Von dieser sind wir nämlich aufgrund Ihrer 'flotten Schreibe' und Ihrer, in der Bewerbung zum Ausdruck gekommenen Kreativität, die wir als in der Werbebranche tätiges Unternehmen von unseren Mitarbeitern unbedingt fordern, überzeugt.

Gegen Sie spricht vielmehr - unser Gewissen. Dieses würde aus zwei Gründen nämlich heftig schlagen - denn

1. können wir es in der gegenwärtigen wirtschaftlichen Situation nicht verantworten, daß Sie Ihre gesicherte (ruhige?) Position als beamteter Lehrer gegen die bei uns zu besetzende Stelle des stark geforderten Kundenkontakters eintauschen;

2. möchten wir nicht zu einer möglichen Zerrüttung Ihrer Ehe beitragen. Bei uns müßten Sie sich nämlich nicht nur stundenweise auf dem Markt umsehen, was Sie ja bereits zum Leidwesen Ihrer Frau tun, sondern vielmehr pergament (Entschuldigung - sollte heißen: permanent).

   Im übrigen sehen wir einen kausalen Zusammenhang zwischen einer glücklichen Ehe und der Arbeitsleistung unserer Mitarbeiter.

Wir hoffen, Sie akzeptieren diese Begründung.

Blatt: 2 vom: 17.o3.1983 an: Herrn Bornemann

Sehr geehrter Herr Bornemann, vielleicht sind Sie uns trotz dieser Ablehnung mit Ihren Fähigkeiten in der Prozentrechnung bei der Lösung eines Problems behilflich.
Bitte teilen Sie uns doch mit, wie groß die Wahrscheinlichkeit - in % ausgedrückt - ist, daß sowohl Ihr Bewerbungs- als auch dieses Antwortschreiben demnächst in einem Buch Marke "Zu schade ... zum Wegradieren" erscheint.

Ihrer Antwort sehen wir mit Freude entgegen.

Mit freundlichen Grüßen

R H E I N - M A I N - A D R E S S
- Direktwerbegesellschaft mbh -
ppa.

Dieter Schefer

RMA Rhein-Main-Adress
Direktwerbegesellschaft mbH
Siemensstraße 10
6380 Bad Homburg vdH

Telefon 06172-25025
Telefax 06172-20300
Telex 415850

Handelsregister B 1158
Bad Homburg vdH
Geschäftsführer:
Dr. Dietmar Knauff

Bankverbindung:
Berliner Disconto Bank AG
Zentrale 1000 Berlin 10,
Kto. Nr. 0149898 (BLZ 10070000)

Winfried Bornemann   Fillerschloß 4504 Georgsmarienhütte   10.3.83

An den
Fraktionsvorsitzenden der SPD
Hans Jochen Vogel
Bundeshaus
53 BONN

Vertraulich

Keine Antwort!

Betr.: Kanzlerkandidat

Sehr geehrter Herr Dr. Vogel,

es hat am 6. März nicht sein sollen, das Leben geht weiter. Sie haben die Konsequenzen gezogen und den undankbaren Posten des Fraktionsvorsitzenden übernommen. Normalerweise wird da so viel zu tun sein, daß Sie voll ausgelastet sind. Außerdem sollte ja auch noch ein bißchen Zeit für Hobby und Familie bleiben. Folglich sollte man es Ihnen nicht zumuten, in vier Jahren noch einmal als Kanzlerkandidat anzutreten. Diese Strapazen sollten sich andere zumuten, die bis jetzt noch wenig für die Partei getan haben. Ich zum Beispiel. Ich gebe selbstkritisch zu, daß ich in den letzten Jahren mehr für die Partei hätte tun können. Während Sie in den letzten Monaten von einer Veranstaltung zur anderen gehetzt sind, habe ich gemütlich vorm Kamin gesessen und die Beine hochgelegt. Ich habe keine Flugblätter verteilt und bin sogar der Diskussion mit "grünen" Kollegen ausgewichen. Das soll nun anders werden. Mein Entschluß steht fest, daß ich mich der SPD als Kanzlerkandidat 1987 zur Verfügung stellen werde. Nun weiß ich, daß man langsam in diese Aufgabe hineinwachsen muß. Deshalb schlage ich vor, daß wir uns erst einmal unter vier Augen treffen und Sie mir ein paar Tips geben. Es wird auch privaten Gesprächsstoff geben, da wir beide in Göttingen geboren wurden. Es wird Sie doch sicher interessieren, wie weit inzwischen der Neubau der Uni vorangegangen ist, wie es heute auf der Weender Str. aussieht. Ich kann mir auch vorstellen, daß Sie mir von Ihrem Besuch in Amerika erzählen, damit ich später ein paar Vorkenntnisse habe, wenn ich da mal hin muß. Wer soll es denn sonst machen? Helmut Schmidt steht nicht mehr zur Verfügung, Onkel Herbert ist gegangen und mit Egon Bahr ist das ja auch so eine Sache, der ist schon vorbelastet. Mich dagegen kennt noch keiner, ich habe noch keine politische Äußerung getan, so daß man mir auch nichts negatives nachsagen kann. Nun gut. Alles weitere können wir dann ja in Bonn besprechen.

Beste Grüße Winfried Bornemann

Erfundene Erfindungen

ALFRED PIEPMEYER BIELEFELDER STR. 14 45 OSNABRÜCK

Verband Deutscher Sportfischer e.V.
Bahnhofstr. 37
6050 OFFENBACH /M.

12.1.83

Betr.: GLÜHWÜRMCHEN für Angler

Sehr geehrte Damen und Herren,

als passionierter Angler ist man über die Verschmutzung unserer Gewässer besonders verärgert. Wer von uns hat nicht schon erlebt, daß er Tage und Nächte am Gewässer zugebracht hat, ohne auch nur einen einzigen Hecht oder Barsch am Haken zu haben. So ist es manchmal leichter, eine leere Konservendose als einen Karpfen aus dem Wasser zu ziehen.
Die Zeit des Wartens und Verzweifelns ist allerdings auch hervorragend dazu geeignet, sich mit den Ursachen solchen Mißgeschicks auseinanderzusetzen. Sicher steht es nicht in unserer Macht, die verschmutzten Flüsse oder Seen wieder sauber zu bekommen, aber wir können etwas für unsere Selbstzufriedenheit tun. Ich beispielsweise habe in den letzten Monaten erfolgreich GLÜHWÜRMCHEN als Köder verwendet.
Das hat den ungeheuren Vorteil, daß durch das Leuchten dieser Tierchen den Fischen eine optische Hilfe gerade in stark verschmutzten Gewässern gegeben wird. Außerdem ergeben sich ungeahnte Möglichkeiten für unsere Nachtangler. Die Zucht von Glühwürmchen ist überaus einfach und problemlos, so daß ich Überlegungen angestellt habe, mich hauptberuflich dieser Aufgabe zu widmen. Bevor ich nun einen Gebrauchsmusterschutz für meine Erfindung anmelde, möchte ich Sie als Fachmann einmal befragen, ob Sie schon einmal von anderer Seite gehört haben, daß jemand erfolgreich mit diesen Leuchtkörpern gearbeitet hat.

Mit besten Grüßen

A. Piepmeyer

Verband Deutscher Sportfischer e.V. VDSF

Verband Deutscher Sportfischer e. V. · Bahnhofstr. 37 · 6050 Offenbach/M.

Geschäftsführung

Mitglied der Confédération Internationale de la Pêche Sportive (CIPS)
Mitglied der International Casting Federation (ICF)
Mitglied des Deutschen Sportbundes (DSB)
Mitglied des Deutschen Fischereiverbandes (DFV)
Mitglied der Arbeitsgemeinschaft für Umweltfragen (AGU)
Mitglied der Vereinigung Deutscher Gewässerschutz (VDG)
Mitglied des Deutschen Naturschutz-Ringes (DNR)
Mitglied des Verbandes zur Förderung
des Naturschutzes und der Landschaftspflege (VNL)
Mitglied der Union Internationale pour la Conservation
de la Nature et de ses Ressources (IUCN)

Herrn
Alfred Piepmeyer

Bielefelder Straße 14

4500 Osnabrück

Ihr Zeichen	Ihr Schreiben	Unser Zeichen	Tag
		Schu/sa	18. Januar 1983

Glühwürmchen für Angler

Sehr geehrter Herr Piepmeyer,

bezugnehmend auf Ihr Schreiben vom 12.1.1983 teilen wir Ihnen mit, daß uns bisher keine Meldungen vorliegen, Glühwürmchen als Angelköder zu verwenden.

Nach unserem Dafürhalten wäre es wohl eher im Sinne des Naturschutzes, die nur noch sehr selten vorkommenden Glühwürmchen in unsere so arg strapazierte Natur zu entlassen.

Mit freundlichen Grüßen
VERBAND DEUTSCHER SPORTFISCHER E.V.

U. Schuller

☎ 0611 / 88 51 87, 88 85 80, 88 84 36
Postscheckkonto: Frankfurt 56791-606 · Bankkonto: Commerzbank BLZ 505 400 28, Filiale Offenbach/M., Konto-Nr. 42 68645

Winfried Bornemann 4504 Georgsmarienhütte, den 21.6.81

Fillerschloß

Geschäftsführung

DEHOGA

Abt. Autobahnraststätten

Kronprinzenstr. 46

53 BONN 2

Betr.: Cola-und Fanta-Sammelautomat an Raststätten

Sehr geehrte Damen und Herren,

ich habe Ihnen einen bahnbrechenden Vorschlag zu unterbreiten. Er beruht auf zahlreichen Beobachtungen, die ich an Raststätten entlang der Autobahn gemacht habe. Lassen Sie mich die Situation schildern.

Volle Reisebusse machen an der Tankstelle Station, um schnell mal aufzutanken. Es bleibt meist für die Insassen keine Zeit, sich in der Raststätte zu erfrischen. Dennoch haben die meisten Fahrgäste einen Mordsdurst. Unzufriedene Gesichter hinter der Scheibe. Nun mein Vorschlag:

Neben den Zapfsäulen für Normal, Super und Diesel wird eine ähnlich aussehende Zapfsäule für Cola und Fanta (evtl. auch Wasser ohne) installiert. Der Schlauch an der Säule ist lang genug, um alle Fahrgäste im Bus zu bedienen. Mit dem Zapfhahn werden alle Insassen je nach Durst abgefüllt. Die Zapfuhr erstellt anschließend eine Gesamtrechnung wie beim Benzin auch. Sie wird vom Busfahrer komplett bezahlt, der später im Bus einzeln abkassiert und mit Trinkgeld auch auf seine Rechnung kommt. Zufriedene Gesichter bei den Fahrgästen, beim Busfahrer und bei Ihnen als den Betreibern. Ist das nichts? Bitte schreiben Sie mir unverzüglich Ihre Meinung, damit ich schon bald bei einem Patentanwalt vorstellig werden kann.

Mit besten Grüßen

Winfried Bornemann

DEHOGA

DEUTSCHER HOTEL- UND GASTSTÄTTENVERBAND E.V.

FACHGRUPPE GASTSTÄTTEN UND VERWANDTE BETRIEBE

DEHOGA, Kronprinzenstr. 46, Postfach 200210, 5300 Bonn 2

Bad Godesberg
Kronprinzenstr. 46
Postfach 200210
5300 Bonn 2
Telefon: (0228) 362016-19
Telegramme: »DEHOGA«
Telex: 885489 hoga d

Herrn
Winfried Bornemann
Fillerschloß
45o4 Georgsmarienhütte

Ihr Zeichen	Ihre Nachricht	Unser Zeichen	Tag
		II/St	4. März 1982

Sehr geehrter Herr Bornemann,

ich komme auf Ihr Schreiben vom 21.6.1981 und meinen Zwischenbericht vom 3o. Juni 1981 zurück.

Der Vorstand unserer Fachabteilung hat sich leider für Ihren Vorschlag nicht erwärmen können.

Das Schaffen der technischen Voraussetzung, um Ihren Vorschlag zu realisieren, steht in keinem Verhältnis zu dem zu erreichenden Zweck.
Es kommt hinzu, daß sich nach unserer Auffassung nicht alles normen und uniformieren läßt. Wir sollten uns die Individualität dort erhalten, wo sie unverzichtbar erscheint.

Wir bitten um Verständnis für unsere Entscheidung und verbleiben

mit freundlichen Grüßen

(Dr. Wahl)
Geschäftsführer

1 01

Bankkonten Deutsche Bank AG 1 190206 (BLZ 380 700 59) Postscheckkonto Amt Köln 186 13-507 (BLZ 370 100 50)
Publikations-Organe „Allgemeine Hotel- und Gaststättenzeitung", Stuttgart DGa Deutsche Gaststätte, Düsseldorf

7.3.83

WINFRIED BORNEMANN · FILLERSCHLOSS · 4504 GEORGSMARIENHÜTTE

Geschäftsleitung
Berling Spielzeug
Franklenweg 10
7859 Efringen - Kirchen 5

Keine Antwort!

Betr. : Zwillingspuppen

Sehr geehrte Damen und Herren,

wenn man Kinder hat, so bleibt es nicht aus, daß man auch als reifer Mensch wieder mit Puppen in Berührung kommt. So habe ich bei meinen Kindern wiederholt beobachtet, daß die Puppenmutter sich so sehnlich Zwillinge wünscht. Irgendwie herrscht bei den Kindern das Vorurteil, daß Zwillinge sich immer ähnlich sehen. Keinem Kind kann also dieser sehnliche Wunsch erfüllt werden, weil man immer nur jeweils eine Puppe kauft. Deshalb habe ich eine Marktlücke für Sie als Hersteller entdeckt. Ab sofort werden Puppen im Zweierset als Zwillinge angeboten. Der Umsatz verdoppelt sich, die Kinder sind zufrieden. Werbeslogan: Berling hat sie- die eineiigen Zwillinge für jede Puppenmutter, die etwas auf sich hält. Nun wissen ja auch Sie sehr gut, daß Ideen normalerweise honoriert werden. In diesem Falle würde es mir genügen, wenn Sie meiner Tochter ein paar Puppen aus Ihrem Sortiment übergeben würden.

Mit den besten Grüßen

Winfried Bornemann

Aktion Heiermann

Winfried Bornemann Fillerschloß 4504 Georgsmarienhütte 1.3.83

Herrn

Willy Brandt

Bundeshaus

53 BONN

Sehr geehrter Herr Brandt,

Sie werden mich sicher nicht mehr kennen. Nach einer Wahlveranstaltung der SPD in der Dortmunder Westfalenhalle habe ich mit Ihnen und anderen Parteifreunden am Tisch gesessen und über den Abend und die Veranstaltung diskutiert. Vielleicht erinnern Sie sich noch, wie wir über die EG sprachen und ich mich als Landwirt über den EG Kommissar Haferkamp beschwerte. Das war ich. Nach diesem gelungenen Abend wollte es das Schicksal, daß ich meine Geldbörse nicht fand und so meine beiden kleinen Pils nicht bezahlen konnte. Da waren Sie so nett und haben die Biere aus Ihrer Tasche bezahlt. Sie werden meinen roten Kopf nicht bemerkt haben. Heute nun möchte ich die Sache wieder gutmachen und lege Ihnen deshalb einen 5 Mark Schein in diesen Brief.
Es würde mich sehr entlasten, wenn Sie mir bestätigen könnten, daß das Geld bei Ihnen angekommen ist. Außerden würde es mich riesig freuen, wenn Sie mir ein Bild von Ihnen beilegen könnten, worum ich Sie damals aus verständlichen Gründen nicht mehr bitten mochte.

Mit besten Grüßen Ihr Parteifreund

Winfried Bornemann

Willy Brandt
PERSÖNLICHES BÜRO

BONN, DEN 22. März 1983
BUNDESHAUS
TEL. 16-2575

Herrn
Winfried Bornemann
Fillerschloß

4504 Georgsmarienhütte

Sehr geehrter Herr Bornemann,

Herr Brandt hat sich über Ihre durchaus unerwartete Spende gefreut und bittet mich, Ihnen mit der beigefügten Autogrammkarte seinen Dank zu sagen.

Mit freundlichem Gruß
gez.: Klaus-H. Rosen
(nach Diktat verreist)

Im Auftrag
M. Sprenger
(M.Sprenger)

Herrn Winfried Bornemann
mit guten Wünschen.

Winfried Bornemann Fillerschloss

25.2.82

Frau
Alice Schwarzer
Kolpingplatz 1 a

5000 KÖLN

Liebe Alice Schwarzer,

eigentlich bin ich von Art, Herkunft und Besitz genau die Art männliches Wesen, gegen die Sie in den letzten Jahren zu Felde gezogen sind... und viel bewirkt haben, das will ich gar nicht leugnen. Auch ich befinde mich zur Zeit in einer Umdenkungsphase mit all den negativen Entzugserscheinungen. Das fehlende Personal und das kesse Auftreten der wenigen weiblichen Angestellten haben mir geradezu die Frage aufgezwungen, ob denn mit mir und meinem Denken wohl noch alles in Ordnung ist. Insgesamt bin ich bescheidener geworden, mein Briefbogen ist nicht mehr so protzig wie früher.... und ich bin freigiebiger geworden. Damit Sie auch sehen, daß dies nicht nur hohle Worte sind, habe ich mir erlaubt, diesem Brief ein kleines Scheinchen beizulegen, eigenhändig und bar. Ein kleines Zeichen unverhohlener Sympathie mit Ihnen und Ihren Zielen. Bitte veröffentlichen Sie diesen Brief nicht in Ihrer Zeitschrift, da sonst wohl eine Totalenterbung unausweichlich wäre. Das können Sie ja nicht wollen. Oder?

Mit gleichberechtigten Grüßen

P.S. Höre ich von Ihnen, ob das kleine Sümmchen angekommen ist?

WINFRIED BORNEMANN FILLERSCHLOSS 4504 GEORGSMARIENHÜTTE

Bis zur Beantwortung bleibt der Brief mein Eigentum - Gerichtsstand Osnabrück

Emma Zeitschrift von Frauen für Frauen
Frauen Verlags GmbH, 5000 Köln 1, Kolpingplatz 1a, Telefon 02 21/21 02 82-84

Winfried Bornemann
Fillerschloß
4504 Georgsmarienhütte

Köln, den 16.4.82

Lieber Herr Bornemann,

anbei senden wir die 5 Mark mit Dank zurück. Unsere Antwort hat so lange auf sich warten lassen, weil wir uns einfach nicht darüber einigen konnten, ob wir diese edle Spende nun am besten gewinnbringen in Kommunalobligationen oder in Bundesanleihen anlegen oder ob wir damit in der freien Wirtschaft investieren sollten. Da es in diesem Punkt nach wie vor zu keiner Entscheidung gekommen ist, Sie aber bereits schlaflose Nächte zu haben scheinen, müssen wir nun leider, leider auf die großzügige, uns vor dem sicheren Untergang rettende Summe verzichten.

Mit freundlichen Grüßen

Susanne Aeckerle

Susanne Aeckerle

Anlage: 1 5 Mark-Schein

Sitz der Gesellschaft Köln | Handelsregister Nr. B 7742 | Postscheck | Commerzbank
Geschäftsführerin Alice Schwarzer | Register-Gericht Köln | Köln 123409-502 | Köln 5086327 BLZ 370 400 44

Winfried Bornemann jun.

25.2.82

Herrn

Walter Scheel

Lindenallee 22

5000 KÖLN 51

Sehr geehrter Herr Scheel,

für mich unvergessen sind die Zeiten, wo Sie zusammen mit Willy Brandt in Bonn die Politik bestimmten. Ein Traumpaar, ich darf es mal so volkstümlich ausdrücken. Was läuft im Moment? Nullösungen werden angeboten. Da fällt mir kaum noch der Name des jetzigen Bundespräsidenten ein. Sie ahnen sicher schon, was ich mit Ihnen vorhabe. Sie müssen wieder ran. Ich habe neulich einer Tageszeitung entnommen, daß Sie gar nicht so abgeneigt sind. Ich weiß als politisch interessierter Staatsbürger, daß es nicht allein ausreicht, wenn Sie wollen. Es bedarf der Unterstützung durch möglichst breite Bevölkerungskreise. Wahlkampf muß organisiert werden, Anzeigen müssen aufgegeben und Plakatwände gemietet werden.

Ich bin dabei. Damit Sie auch sehen, daß dies nicht nur leere Worte sind, habe ich dem Brief ein kleines Scheinchen beigelegt, eine erste finanzielle Spritze aus des Volkes Mitte. Vielleicht sind Sie bald wieder Bundespräsident, dann kann ich wenigstens meinen Kindern erzählen, daß ich auch ein klein es Schärflein dazu beigetragen habe.

Es würde mich freuen, wenn Sie mir kurz mitteilen würden, ob das Geld bei Ihnen angekommen ist.

Mit hoffnungsvollen Grüßen

Winfried Bornemann

 4504 Georgsmarienhütte Silberschloss

WALTER SCHEEL

Lindenallee 23, 8. März 1982
5000 Köln 51

Herrn
Winfried Bornemann
Fillerschloß

4504 Georgsmarienhütte

Sehr geehrter Herr Bornemann,

haben Sie vielen Dank für Ihren freundlichen Brief vom 25. Februar 1982.

Die Meldungen in der Presse geben nicht ganz korrekt wieder, was ich in einem Gespräch mit einem Journalisten gesagt habe. Ich habe nämlich keine Kandidatur für 1984 angekündigt, sondern im Gespräch sogar abgelehnt. Ich habe allerdings zugestanden, mich nicht zu verweigern, wenn dringende politische Gründe dies erfordern.

Den von Ihnen beigefügten Fünfmarkschein werde ich, Ihr Einverständnis voraussetzend, einer guten Sache zuführen.

Mit freundlichen Grüßen

Ihr Walter Scheel

Heute
Ruhetag

Aus der Postflut

Reaktionen auf Briefmacken I

„DIE GRÜNSCHNÄBEL"

Große Kleinblittersdorfer
Karnevalsgesellschaft von 1976 e. V.

K. G. „Die Grünschnäbel" e.V. - Rebenhof - 6601 Kleinblittersdorf 1

Herrn
Winfried Bornemann
Am Sillers Schloß 47

4504 GEORGSMARIENHÜTTE

Mitglied im Bund Deutscher Karneval
und im
Verband Saarl. Karnevalsvereine e.V.
Patengesellschaft der „Zigeunerinsel"
Stuttgart

Volksbank Dudweiler
(BLZ 590 920 00) Konto Nr. 10 178 111
Kreissparkasse Saarbrücken
(BLZ 590 502 10) Konto Nr. 27-026-111

Tag: 11.03.82

Sehr geehrter Herr Bornemann,

über den Bericht im " Stern " haben wir sehr geschmunzelt.
Wir, das sind die sieben Grünschnäbel, die kleinste Karnevalsgesellschaft Europas.
Am Samstag, dem 31.Juli 1983 werden wir in Kleinblittersdorf/ Saar einen neuen Staat ausrufen. Dieser Staat hat u.a. auch eine Universität.
Auf Grund des o.a. Berichtes, glauben wir, daß Sie der richtige Mann sind, um an unserer Uni tätig zu sein.
Wir bieten Ihnen daher den Lehrstuhl für **Unsinn, Ulk und Humor** an.

Bitte lassen Sie uns dazu Ihre Gedanken zukommen.
Gerne erwarten wir Ihre Antwort, und verbleiben

mit einem freundlichen Gruß

Neusius

Anlage :

Kleinste Karnevalsgesellschaft Europas

„Stiftung Spazierengehen“ e. V.

Gründer: Dr. Georg von Opel (1963)

„Stiftung Spazierengehen" e. V. · Postfach 10 · 6719 Weisenheim am Berg

AKTION GOLDENER SCHUH

☎ (0 63 53) 84 09
6719 Weisenheim am Berg

Herrn
Winfried Bornemann
Fillerschloß

4504 Georgsmarienhütte

19.Februar 1982

Sehr geehrter Herr Bornemann,

wieder so eine Werbesendung einer Briefmarken-Versandfirma, die sich in mir hinter der Bezeichnung Geschäftsführerin eine betuchte und sammelfreudige Neukundin erhofft, dachte ich beim ersten flüchtigen Blick auf das mir zugeschickte postgelbe Buch. Der zweite Blick ließ mich aber schnell erkennen, daß die 'Briefmacken' sich in ganz besonderer Weise aus der üblichen Alltagspost hervorhoben. Natürlich habe ich im Juni '81 nicht im Traum daran gedacht, daß sich hinter der (von uns ernst genommenen) Spazierstock-Affäre nicht ein um seine Gesundheit bedachter Rentner, sondern vielmehr ein sehr hellhöriges, humoriges Schlitzohr verbarg!

Nachdem ich Ihre Briefe samt Antworten mit großem Vergnügen buchstäblich an einem Stück verschlungen habe (ähnlich wie Sie die Spachtelmasse), scheint es mir, daß Sie absolut keinen spitzen Spazierstock zur Abwehr nötig haben, da Sie von der Natur mit Schlagfertigkeit, spitzer Zunge und Geistesblitzen bestens ausgerüstet sind. Wir gratulieren Ihnen zu dieser köstlichen Idee, bedanken uns herzlich für das Buch und hoffen, daß es den gewünschten (Nonsens-) Erfolg hat.

Für den Fall, daß Sie die Serie Ihrer vordergründig naiven, hintergründig scharfsinnigen und treffenden Briefanschläge fortzusetzen gedenken, empfehlen wir, zuvor einen kräftigen Schluck der beigelegten Pfälzer SCHEU-Rebe zu probieren, die mildernde Umstände für die ahnungslosen Opfer erhoffen läßt. Sollten Sie wider Erwarten diesen Wein zum Weinen finden, lassen Sie ruhig Ihren Tränen in einem passenden Brief in die Pfalz ihren Lauf.

Auf neue 'Briefmacken' freut sich schon heute Ihre nun überzeugte Sammlerin,

mit besonders freundlichen Grüßen

Elke Eisheuer

PS: Gruß an Arthur. Recht hat er : Gehn ist Spitze !

Unsere Stiftung ist mit Bescheid des Finanzamtes Frankenthal/Pfalz als **GEMEINNÜTZIG** im Sinne des § 4 Absatz 1 Ziffer 6 KStG anerkannt.

Geschäftsführender Vorstand: Carlo v. OPEL, Elke Eisheuer, Doris Geisert, Siegfried Perrey, Bernd Kannenberg

Beiratsmitglieder: Rudolf Müller, Heinz Schumann

Konten: Volksbank Bad Dürkheim (BLZ 546 912 00) Nr. 788 007
Postscheckamt Frankfurt (BLZ 500 100 60) Nr. 2614 40-609

ALFRED WEGENER INSTITUT
FÜR POLARFORSCHUNG
Columbus-Center
D-2850 Bremerhaven

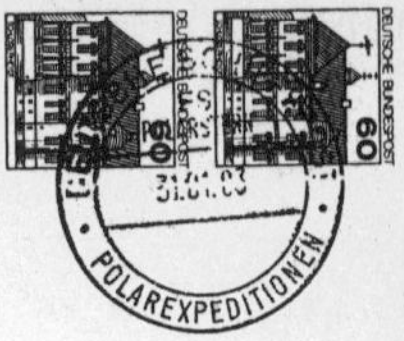

Herrn
W. Bornemann
Am Fillerschloß 47
D-4504 Georgsmarienhüt

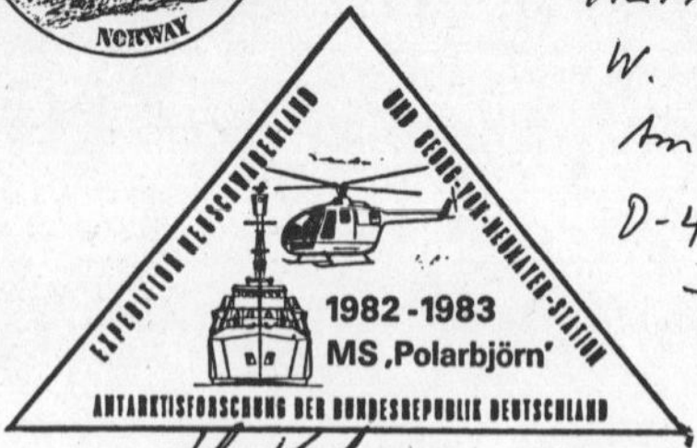

H. Kohnen

Lufthansa
First Class Senator Service

Auf dem Flug
On the flight
En el vuelo

26. 12. 82

von/from/de nach/to/a

zwischen Südgeorgien und der Antarktis:

Lieber Herr Bornemann,

zu Weihnachten zwischen Südgeorgien und der Antarktis habe ich den Expeditionskameraden einige Ihrer köstlichen Briefmacken vorgelesen. Wir hatten köstlichen Spaß dabei. Ich wünsche Ihnen, daß Ihr Einfallsreichtum und Ihr Elan im Briefeschreiben Sie so bald nicht verlassen.

Mit herzlichem Gruß
H. Kohnen

GEORG von NEUMAYER - STAT

Dr. H. Kohnen
Exp.-Leiter

Dr. Edmund F. Dräcker

ERZGLIED im ORDEN DER RUHENDEN GLIEDER

Postfach
5300 Bonn

12 9 1982

Seit 40 Jahren dient er dem Vaterland zwischen New Delhi und New York, und dabei hat der Geheimrat Draecker eine der erstaunlichsten Karrieren im Auswärtigen Dienst absolviert

aus: STERN

Wer steckt dahinter?

Herrn

Winfried B o r n e m a n n

Am Fillerschloss

4504 GMH

Sehr geehrter Herr B o r n e m a n n,
ein guter Freund von mir,der Herr Bundestagsabgeordnete Mierscheid, hat mich darauf hingewiesen,dass Sie in beachtlicher Weise in das deut- sche Literaturgeschehen eingegriffen haben.Dafür sei Ihnen Dank gesagt.
Auch stehen Sie fest in einer Tradition,die schon der allseits hoch- verehrte Herr Reichsgründer begründet hat,wohl wissend,was es bedeute Traditionen zu begründen. + mich
Da der Reichsgründer die "Reichsmacken" sorgsam sammeln li- -so etwas erledigte er selten selbst-wurde die damalige Reichsbank als "Macken-Sammel-Stelle" eingerichtet.Sorgfältig,wie die Leitung die Abteilung VI der Reichsbank nun einmal war,wurde die jeweilige Macke mit einem Stichwort und dem (geschätzten)Wert rubri- und sonst vielfält --ziert.
Seine Majestät Kaiser Wilhelm der Zweite übernahm die Fortfüh- rung dieser Arbeit ,auch insoweit wollte er dem Reichsgründer nicht na stehen,Majestät hatte mir sogar den Rang eines Obristen à la Suite der Cavallerie verliehen und eine Uniform für + speziell entwerfen lassen.De artige Dinge erledigte auch er nur selten persönlich.
In der Republik nahm mich der alte Meissner in seine hut,Hermann Göring schliesslich bot mir die Ernennung zum "Reichsmack- meister" und ein im Grundbuch Schorfheide eingetragenes Wohnrecht auf Lebensz eit an.Die Uniform Seiner Majestät behielt er bei,verzierte si lediglich mit zwei gekreuzten Posthörnern,die auch Ihnen später zu de ken geben sollten.
Ich möchte meine türkische Sekretärin nicht überfordern,--di deutsche hat bereits unter Anwendungs der sog.gleitenden Arbeitszeit den Arbeitsplatz verlassen--,ich möchte daher dieses Lebenszeichen an Sie beenden.
Aus meinem Arbeitsgerät bei der Reichsbank darf ich Ihnen einen An- hänger überreichen,wie er seinerzeit für die Übersendung der Reichsmac benutzt wurde.Heute arbeitet Honeywell an einem Computer,der derartige menschenunwürdige Tätigkeiten ausführen wird.So wird ,wie man sieht,üb alle das Äusserste aufgeboten,um in dem Wettlauf um die meisten Arbei losen edlich auch ein deutsches Wunder zu erreichen.

In vorzüglicher Hochachtung

stets Ihr

MAFIA INTERNATIONAL CORPORATION ORGANISATION Ltd. N. Y. DISTR. Q817

HEADQUARTERS: CHICAGO U.S.A. PALERMO SICILIA

Deutsche Außenstelle Georgstr. 24 - (29) Oldenburg 0441 - 504339

Herrn/~~Signx/Mrx~~
~~Frau/Signorax/Mrsx~~
Briefmacken
Winfried Bornemann

4504 Georgsmarienhütte
Am Fillerschloß 47

Aktion "Neues Mitglied lebt länger"

Ihr Zeichen	Ihr Schreiben vom	Mein Zeichen	Datum
-----	-----	N11	13.1.1983

Betr.: Werbung "Neue Mitglieder"

Lieber 'Borni' !

Sicher wirst Du Dich freuen zu hören, daß Du von nun ab unter unserem besonderen Schutz stehst. Es wird weiter für Dich einen reizvollen Kontrast darstellen, einmal nicht in der aktiven Rolle des Briefschreibers, sondern der passive,angeschriebene Teil zu sein.

Das ist überdies nur zu logisch, denn die Metamorphose Deiner Aktivitäten vom Imateriellen ins Materielle (z.B. Bd 1 Briefmacken) hat unseren PATE -der im übrigen aufstrebenden Unternehmergeist gerade in diesen Zeiten außerordentlich schätzt- auf Dich aufmerksam gemacht.

So möchten wir uns erlauben, mit diesem offiziellen Schreiben unseren Mitarbeiter Guntero Nullarini bei Dir einzuführen. Er ist einer unserer besten, härtesten, brutalsten und zuverlässigsten Außendienstagenten, der Dir und Deinen geistigen Unternehmungen (Ronald hatte recht:"Heutzutage läßt sich alles veröffentlichen!") unsere Dienste von nun an anzubieten.Urheberrechte, wie sie durch die geschwärzten Passagen in Briefmacken auffallen, geraten unter der Schirmherrschaft des Paten zur Farce (Dein Vorteil!).

-b.w.-

Banco Pirata, Catania, Nro. 1234567; Chase Robbery Bank Midlans N.Y.
Kunden-Kredit-Gauner Bank, Nr. 01-283764,BLZ 28044422 Oldenburg (Old)
Telex pal-123maf(Italien); nwy-456maf(USA);old-789maf (Deutschland)

Dem Umfang Deiner geschäftlichen Betätigungen angemessen, dachte der Pate -quasi als humoristischen Bonus nur für Dich- an eine einmalige Zahlung:

1 handsigniertes Buch

des Meisters Bornemann vom Bd 2

!

Damit bist Du für die nächsten 2 Jahre 'Aus dem Schneider
- und zwar ab Eingang des Buches!
- innerhalb einer 2-Monatsfrist !

Wir sind sicher, daß es beser ist, wenn Du den Gegenwert für die Beschützerdienste umgehend leistest, damit Deiner OPERATIVEN HEKTIK am deutschen Büchermarkt -wo Stilblüten wie Du d i e Marktlücke sind- nicht GEISTIGE WINDSTILLE folgt (Dein Nachteil!)

mit angenehmen Grüßen des Paten

A.E.Stanton (Vicepräsident) | Capitano Lassagna (Geschäftsführer) | G.Nullarini ([illegible])

Motto des Tages:

"Einen Vergelt's-
Gott-Tarif gibt
es nur im Himmel"
(Arbeitsminister
Norbert Blüm)

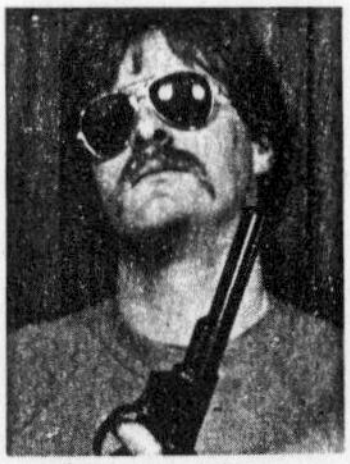

FernUniversität
Gesamthochschule

Fachbereich
Erziehungs- und
Sozialwissenschaften

Fernuniversität Gesamthochschule, Postfach 940, D 5800 Hagen

Herrn

Winfried Bornemann

Am Fillerschloß 47

4504 Georgsmarienhütte

-Dr. Klaus Hage-

Mein Aktenzeichen -/Hg.

Auskunft erteilt

Telefon - Durchwahl (02331) 804 2982

Dienstgebäude Feithstraße 140

5800 Hagen, den 9.3.1981

Inanspruchnahme öffentlicher Arbeitszeit
Regreß

Sehr geehrter Herr Bornemann,

der Briefstil einiger Mitarbeiter unseres Hauses erscheint mir verbesserungsnötwendig. Behufe diesen Zweckes beschaffte ich mir irrtümlich Ihr Werk "Briefmacken", das ich trotz des Druckfehlers im Titel für ein Lehrwerk des Briefstellens hielt (Sie sollen ja sogar Lehrer sein!).

Ich muß schon sagen, ich bin einer böswilligen Irreführung aufgesessen. Sind Sie ernsthaft der Meinung, Ihr Briefwechsel könne als Vorbild rechten Briefeschreibens gelten?

Ich mußte sogar feststellen, daß dieses Machwerk einige unserer Mitarbeiter geschlagene 2 (zwei) Stunden, 13 (dreizehn) Minuten und 21 (einsundzwanzig) Sekunden von ihrer ansonsten sehr seriösen wissenschaftlichen Arbeit fernhielt (was nicht konstitutiv für die FERNuniversität ist).

Da Sie somit den öffentlichen Arbeitgeber um die ihm zustehende Arbeitszeitdienstleistung geschädigt haben, werden wir Ihnen ggfls. zur Vermeidung weiterer Gehaltskürzungen diese Arbeitszeit in Rechnung stellen:

1 Arbeitsstunde	A13	DM	25.-			
1 -"-	BATIIa	DM	25.-			
2 -"-	BAT V	DM	30.-			
entgangene Erholungspausen		DM	0.25			
		DM	80.25	x 2h13'21"	=	DM 178.355625

ersatzweise sind wir auch einverstanden mit einem Brief an die Hochschulleitung (den Gründungsrektor) der FernUniversität,dessen Kopie Unterzeichnetem zur Verfügung stehen sollte. Vielleicht ist der GR an der wissenschaftlichen Begleitung einer Familiengründung interessiert?

Telefonvermittlung (02331) 804-1 Telex 823137 feunid

Bis zu einer Antwort verbleibe ich mit

freundlichen Grüßen
in Hagen

Ihr

Klaus Hage

Platz für Notizen:

1/4 Mett
20 Bellos
Filtertüten
Rasierschaum
Glas Marmelade (Hagebutten)
Kopfschmerztabletten

20 Uhr Birgit wecken!

X Mit freundlichem Gruß
O Hochachtungsvoll

D. Bornemann

Vertraulich

Liebe Leser,

gerade mach ich das Layout für dieses Buch, komme an auf S. 120 und stelle fest, daß ich mit Gott und der Welt korrespondiere – da fehlt doch nur noch der Brief an Euch.

Die Zuschriften auf meine Briefmacken! haben mir riesig Spaß gemacht. Das laßt uns wiederholen. Deshalb mein Angebot: Wer mir schreibt und Rückporto beilegt, bekommt von mir das Antwortschreiben zum Brief an Wallraff. (siehe rechte Seite) und eine kleine Nettigkeit. Jeder kriegt persönlich Antwort. Großes Ehrenwort.

Nun muß ich aber Schluß machen; es ist kurz nach Mitternacht und dieser Brief muß noch schnell in den Kasten.

Bis bald Euer

W. Bornemann

V. Brauer

F. GRENAN

15.3.83

Winfried Bornemann

Herrn
Günter Wallraff
Thebäerstr. 20
5 KÖLN 30

Lieber Günter Wallraff,

es gibt nette Leute, die behaupten, wir hätten ein paar Gemeinsamkeiten. Ich schreibe Briefe an Firmen, Institutionen und Menschen in der Hoffnung, daß Sie mir auf meinen Unsinn eine ernste und entlarvende Antwort geben. Das hat nur am Rande mit Politik zu tun. Vielleicht ist der Hang zum Unsinn aber immer in der Nähe des Galgenhumors zu suchen. Gemeinsamkeiten zwischen uns sehe ich aber d in, daß wir immer wieder aufpassen müssen, nicht erkannt zu werden. In meinem Falle war dann zwar nur das Porto vergebens, weil keine Antwort eintrudelt, während bei Ihnen viel mehr auf dem Spiel steht, aber ärgerlich ist es in beiden Fällen. Sie werden es mir deshalb nicht verübeln, daß ich bei dem Meister der perfekten Tarnung mal anfragen möchte, ob er mir mal ein paar kleine Tips zustecken möchte. Welches Pseudonym beispielsweise stände mir denn gut zu Gesicht?

Mit besten Grüßen

Winfried Bornemann

WINFRIED BORNEMANN FILLERSCHLOSS 4504 GEORGSMARIENHÜTTE

Zugaben...

WINFRIED BORNEMANN
FILLERSCHLOSS
4504 GEORGSMARIENHÜTTE

Stabilisierungsfond für Wein 5.3.83
z.Hd. Herrn Dr. Michel
Gutenbergplatz 3-5

65 MAINZ

Betr.: Wein für Diabetiker

Sehr geehrte Damen und Herren,

ich habe es am Magen. Aus diesem Grunde hat mir der Arzt auferlegt, eine strenge Diät einzuhalten. Für einen alten Weintrinker wie mich eine schmerzhafte Tatsache. Man sucht nach Auswegen. Deshalb meine Frage an Sie. Gibt es bereits deutsche Weine, die mit Natreen gesüßt sind?

Mit besten Grüßen

Winfried Bornemann

Wenn Sie von mir am selben Tage mehrere Briefe erhalten, so ist dies eine Folge der maschinellen Postverarbeitung. Ein Aussortieren von Hand wäre teurer als mehrfaches Porto.

STABILISIERUNGSFONDS FÜR WEIN
Anstalt des öffentlichen Rechts
DER VORSTAND

6500 MAINZ 11.03.1983
Haus des deutschen Weines
Gutenbergplatz 3-5, Postfach 3860
Telefon (06131) 2 00 78 / 9
Telegramm-Anschrift Weinfonds Mainz
Telex 4 187 555 wein d
Neue Telefon-Nummer
(0 61 31) 1 40 71

Herrn
Winfried Bornemann
Fillerschloß

4504 Georgsmarienhütte

Dr.Mi./kl

Betr.: Wein für Diabetiker

Sehr geehrter Herr Bornemann,

alle für Diabetiker geeigneten Weine sind mit dem DLG Weinsiegel für trockene Weine (gelb) und zusätzlich mit einem Rückenetikett mit Analyse ausgestattet. Diabetikerweine haben keinen oder äußerst geringen Gehalt an unvergorenem Zucker und sind daher zwangsläufig herb. Die Süßung von deutschen Weinen mit Zuckerersatzstoffen ist verboten. Leider können Sie daher keinen Wein ohne unvergorenen Zucker finden, der gleichwohl süß schmeckt. Niemand kann Ihnen aber verwehren, die Süßung selber vorzunehmen, wenn sie aus medizinischen Gründen erforderlich ist.

Mit freundlichen Grüßen

(Dr.F.W.Michel) (RA.C.M.Baumann)

Vorsitzender des Aufsichtsrates: Ökonomierat Dr. Kurt Becker
Vorstand: RA. Carl Michael Baumann, Dr. Franz Werner Michel

ALFRED PIEPMEYER BIELEFELDER STR. 14 45 OSNABRÜCK

12. 1.83

Gesellschaft für
RATIONELLE ENERGIEVERWENDUNG
Theodor Heuss Platz 7
1000 BERLIN 19

Betr.: Heizwert von Kohlepapier

Sehr geehrte Damen und Herren,

Ihnen brauch ich ja nicht zu erzählen, daß man sich in Zeiten gestiegener Heizölpreise Gedanken darüber macht, wie man möglichst billig und warm über den Winter kommt. Ich habe neulich beim Aufräumen des Dachbodens größere Mengen von Kohlepapier entdeckt, die mein Vater als Inhaber eines Schreibwarengeschäftes dort kurz nach dem Kriege als stille Reserve abgelegt hat. Diese Pakete sind in Zeiten billiger alternativer Heizquellen in Vergessenheit geraten, bis sie von mir wieder neu entdeckt wurden. Es ist klar, daß ich sie endlich ihrem eigentlichen Zweck zuführen möchte.
Deshalb meine Bitte: Können Sie mir etwas genauere Angaben machen über den Heizwert dieses Kohlepapiers? 1000 Bogen haben ein Gewicht von 2354 g.
Ich bitte um baldige Antwort, denn der Winter ist bereits in vollem Gange.

Mit freundlichem Gruß

A. Piepmeyer

Gesellschaft für Rationelle Energieverwendung e. V.

Wärmeschutz · Energiesparsysteme

Gesellschaft für Rationelle Energieverwendung e. V.
Theodor-Heuss-Platz 7 · 1000 Berlin 19

Theodor-Heuss-Platz 7
1000 Berlin 19
Telefon (030) 3015644
Telex 182944 azu d
Postscheck 3081-100 Berlin-West
Berliner Volksbank (West) eG
BLZ 10090000 Konto-Nr.: 17028987

Herrn
Alfred Piepmeyer
Bielefelder Str. 14

4500 Osnabrück

Ihre Zeichen	Ihre Nachricht	Unsere Zeichen	Datum
	12. 1. 1983	je	25. 1. 1983

Sehr geehrter Herr Piepmeyer,

Über den Heizwert Ihres Kohlepapiers können wir keine Angaben machen – sicherlich gibt es da auch unterschiedliche Sorten.
Da Sie daran denken, größere Mengen von solchem Kohlepapier zu verheizen, bleiben einige Fragen offen :

- in welchem Ofen bzw. in was für einem Wärmeerzeuger soll das Papier verbrannt werden (geht das überhaupt)
- mit welchen Rückstandsmengen verbrennt das Kohlepapier (stehen Aufwand und Nutzen in vertretbarem Zusammenhang zueinander)
- welche Abgase entstehen, führt die Verbennung zu Belästigungen oder gar zu Beeinträchtigungen der Nachbarschaft ?

Insbesondere der letzte Punkt sollte wegen allgemeinen Interesses bedacht werden, denn rationelle Energieverwendung kann nicht heißen, lediglich den eigenen Geldbeutel tunlichst zu schonen.

Mit freundlichen Grüßen

i. A.
(Rainer Jessen)

Merkblatt-Serie
(z.Zt. ca. 20 Einzelblätter)
Schutzgebühr 3,– DM
Versand gegen Voreinsendung in Briefmarken

Vorsitzender o. Prof. Dr.-Ing. habil. Karl Gertis, Universität Essen; Geschäftsführendes Vorstandsmitglied Ing. grad. Detlef Bramigk, Berlin

Kaffee HAG

Rigaer Straße

28 BREMEN 1

23.2.82

Winfried Bornemann
Fillerschloss

Betr.: Beratung

Sehr geehrte Damen und Herren,

ich will es kurz machen. Ich lebe seit einigen Wochen getrennt und habe mir eine Kaffeemaschine besorgt. Nachdem ordnungsgemäß der Filter eingelegt ist, fülle ich die Kaffeebohnen nach. Jetzt kommt das Wasser in den Trichter (3 Tassen) und die Maschine wird angestellt. Ich kann beobachten, wie das Wasser sich erhitzt und von oben über die Kaffeebohnen läuft. Dennoch: in der Kaffeekanne sammelt sich fast klares Wasser. Liegt es evtl. an der Filtertütensorte? Muß das Papier vielleicht poröser sein, damit die Bohnen besser durchpassen. Ich finde es auch komisch, wenn ich mit der Maschine wieder in das Geschäft gehe, man macht sich wahrscheinlich über mich lustig. Es muß nur eine ganze Kleinigkeit sein. Ich bin sicher, daß Sie mir als Kaffeespezialist da sicher weiterhelfen können.

Mit besten Grüßen

Winfried Bornemann

 WINFRIED BORNEMANN FILLERSCHLOSS 4504 GEORGSMARIENHÜTTE

HAG GF VERTRIEBS GMBH & CO OHG

Herrn
Winfried Bornemann
Fillerschloß

4504 Georgsmarienhütte

Hei/SN (VS)
26.02.1982
Tel.: 0421 / 38 95 423

Sehr geehrter Herr Bornemann!

Besten Dank für Ihr Schreiben vom 23.02.1982.

Sie haben Probleme mit Ihrer Kaffeemaschine, aber wie Sie schon ganz richtig vermuten, kann es sich nur um eine Kleinigkeit handeln.

Nach Ihrer Schilderung schütten Sie "ganze" Kaffeebohnen in Ihre Kaffeemaschine. Das Ergebnis ist heißes klares Wasser, aber keine heiße Tasse Kaffee.

Sie müssen vor dem Brühvorgang den Kaffee mahlen bzw. gemahlenen Kaffee kaufen und in die Kaffeemaschine geben, keinesfalls Bohnenware. Erst dann erhalten Sie - und das ist mit jeder Kaffeemaschine so - eine heiße Tasse Kaffee.

Wir sind sicher, Ihnen bei Ihrem Problem geholfen zu haben, und ganz besonders, wenn Sie die Produkte unseres Hauses Kaffee HAG und ONKO Kaffee verwenden, die bereits filterfein gemahlen im Lebensmittel-Einzelhandel angeboten werden und gerade auch für Ihre Kaffeemaschine eine vorzügliche Tasse Kaffee garantieren.

Mit freundlichen Grüßen
HAG GF VERTRIEBS GMBH & CO OHG

Heineke   Nickeleit

Firmenanschrift:
HAG GF Vertriebs GmbH & Co OHG
Postfach 10 79 40
Rigaer Straße
D-2800 Bremen 1
Telefon (04 21) 38 95-1
Telefax (04 21) 38 95 666
Telex 02 45 493
Registergericht Bremen HRA 18465

Gesellschafter:
HAG GF Aktiengesellschaft
Sitz: Bremen
Vorstand:
James B. Stone (Vorsitzender)
Dr. Hans Garloff
Hans-Jürgen Hartzel
Uwe Karsten
Frederick J. Miller
Dr. Rolf Oßenbrügge
Milo A. Smith

Vorsitzender des Aufsichtsrats:
Dr. Gerhard Sieber
Registergericht Bremen HRB 8609

HAG GF Vertriebs GmbH
Sitz: Bremen
Geschäftsführer:
Uwe Karsten
Bernd Zurstiege
Hans-Jürgen Wäsch
Registergericht Bremen HRB

Winfried Bornemann

Bundesnachrichtendienst
Heilmannstr. 33
8023 PULLACH

15.3.83

Sehr geehrte Damen und Herren,

in diesem Falle geht es mal ausnahmsweise nicht um Spionage. Ich habe mit einem Freund gewettet, der behauptet, daß Sie generell auf keinen Brief antworten. Wörtlich hat er gesagt: "Wetten , daß Du vom BND keine Antwort erhälst?" Ich habe 50 DM dagegengesetzt in der festen Zuversicht, daß bei Ihnen auch nur Menschen sitzen, die mich doch nicht hängen lassen. Ich werde meinem Freund natürlich nicht erzählen, daß ich gleich das Rückporto beigelegt habe, so daß Sie nicht einmal an die Briefmarkenkasse müssen. "Schöne Grüße vom BND" reichen völlig aus oder etwas ähnlich NETTES. Sie werden doch einen schlichten Staatsbürger nicht hängen lassen.

Hoffentlich beste Nachrichten aus München

Winfried Bornemann

WINFRIED BORNEMANN FILLERSCHLOSS 4504 GEORGSMARIENHÜTTE